Eckard Winderl

Hinter die Erinnerung schauen

Neue Grundzüge und Techniken des NLP

Reihe
Pragmatismus & Tradition
Band 50
Herausgegeben von
Thies Stahl

Eckard Winderl

Hinter die Erinnerung schauen

Neue Grundzüge und Techniken des NLP

Mit einem Vorwort von Robert Dilts

Junfermann Verlag • Paderborn
1996

Covergestaltung: Petra Friedrich

Coverfoto: Comstock GmbH, Berlin

Satz: La Corde Noire – Peter Marwitz, Kiel

Die Deutsche Bibliothek – CIP-Einheitsaufnahme

Winderl, Eckard:

Hinter die Erinnerung schauen: Neue Grundzüge und Techniken des NLP / Eckard Winderl. – Paderborn: Junfermann, 1996.

(Reihe Pragmatismus & [und] Tradition; Bd. 50)

ISBN 3-87387-315-X

NE: GT

ISBN 3-87387-315-X

Inhalt

Widmung

Für meine Frau Petra

Für Robert Dilts, von dem ich viel gelernt habe

Danksagung

Ich danke meinem Freund David Müller und Frank Sauer für ihre wertvollen Hinweise und Renate Schmidt für ihre große Geduld bei der Erstellung des Manuskripts.

Vorwort

Einer der Eckpfeiler des NLP ist die Verbindung zwischen Augenbewegungen und kognitiven Prozessen. In diesem Buch hat Eckard Winderl jene Beziehung erweitert. Mehr noch!

Traditionell hat das NLP die Augenposition auf die Sinnesaktivität bezogen: auf das Sehen, das Hören und das Fühlen. Im Ergebnis seiner Beobachtungen und Arbeit im Bereich der kognitiven Therapie postuliert Eckard, daß die Augenposition auch andere subjektive Strukturen reflektiert, Strukturen, die sich auf die Bedeutung und Organisation der Erinnerungen und Erfahrungen beziehen, z.B. ob eine Erfahrung „negativ" oder „positiv" ist und wie sie mit anderen Ereignissen in der Zeit zusammenhängt.

Eckard präsentiert fesselnde Techniken auf der Grundlage seines Systems, um emotionale Probleme zu lösen, neue Perspektiven zu finden und Überzeugungen zu beeinflussen.

Ich persönlich finde Eckards Arbeit faszinierend und bin der Überzeugung, daß sie etwas ganz Neues zum NLP beisteuert. Sie hilft auch, wertvolle Verbindungen zwischen dem NLP und anderen kognitiven Therapien herzustellen.

Eckards Findigkeit, sein Einfallsreichtum und Engagement für Feedback aus der Erfahrung sind wahrhaft erfrischend.

Mai 1996

Robert Dilts

Einleitung

Imaginative Verfahren werden bereits seit längerem in der Psychotherapie verwendet, u.a. in der Gestalt- und Verhaltenstherapie und im NLP. Sosehr sich diese Therapien ansonsten voneinander unterscheiden, hinsichtlich der Verwendung von Imagination im therapeutischen Prozeß verfügen sie über gewisse Gemeinsamkeiten.

Gemeinsam ist ihnen die Annahme, daß die Vorstellungen eines Menschen sein Wahrnehmen, Denken, Fühlen und Handeln beeinflussen und verändern können.

Gemeinsam ist ihnen auch die Absicht, gesteckte Therapieziele mittels geeigneter Vorstellungen zu erreichen oder sich ihnen anzunähern. Bei den zu diesem Zweck herangezogenen Imaginationen handelt es sich um bewußt erinnerte und konstruierte Vorstellungen, die geändert und/oder miteinander verbunden werden oder von neu hinzugezogenen Imaginationen abgelöst werden.

In meiner therapeutischen Praxis arbeite ich häufig mit Techniken des NLP. Im Unterschied zur Gestalt- und Verhaltenstherapie geht das NLP davon aus, daß unsere Sinnessysteme Wahrnehmungsorgane und Repräsentationssysteme sind. Sie lassen uns die Welt wahrnehmen und transformieren das Wahrgenommene in Vorstellungen. Beispielsweise werden Gesehenes und Gehörtes mental in visuellen und akustischen Vorstellungen repräsentiert. Die Repräsentationssysteme können ihre Repräsentationen, die Vorstellungen, bearbeiten und latent vorhandene, also gespeicherte Vorstellungen aktivieren und neue kreieren.

Nach Bandler und Grinder, den Begründern des NLP, kann man die Aktivität der Repräsentationssysteme an den Augen ablesen. Man kann feststellen, welches Repräsentationssystem aktiv ist. Blickt jemand beispielsweise nach rechts oder links oben, dann ist das visuelle

Repräsentationssystem aktiviert. Zeigt jemand horizontale Augenbewegungen nach links oder rechts, verweist dies auf das auditive Repräsentationssystem. Wenn ich früher versuchte, die von meinem Gegenüber realisierten Augenbewegungen in das NLP-Schema für Augenbewegungsmuster einzuordnen, mißlang es mir häufig. Anfangs dachte ich, ich wäre nicht fähig, den Zusammenhang zwischen Augenbewegungen und Repräsentationssystemen zu erfassen, heute weiß ich, daß das wohl nur ein Teil der Wahrheit ist.

Verläßt man nämlich das Konzept der Augenbewegungsmuster, wie es von den NLP-Begründern postuliert wird, dann gewinnen die Augenbewegungen eine andere Bedeutung. Augenbewegungen zeigen dann nicht mehr die Aktivierung der Repräsentationssysteme an, sondern erfassen Grundstrukturen der subjektiven Erfahrung, die therapeutisch genutzt werden können. Dies bestätigen die im Buch dargestellten Vorgehensweisen.

Im 1. Kapitel wird nicht nur dargelegt, wie zeitlich aufeinanderfolgende Ereignisse im Gedächtnis repräsentiert sein können, es wird auch eine therapeutische Technik präsentiert, die sich aus den Annahmen zur Ereignisrepräsentation ableitet.

Im 2. Kapitel werden Vorstellungen zur Repräsentation von Emotionshierarchien dargelegt, die zur Entwicklung von therapeutischen Vorgehensweisen führten.

Im 3. Kapitel wird das Konzept der emotionalen Balance bzw. der sich gegenseitig kontrollierenden Emotionen vorgestellt, und es werden die auf dieser Grundlage entwickelten Techniken präsentiert.

Im 4. Kapitel wird auf die Entwicklung des Rollenverhaltens und der Fähigkeit zur Perspektivenübernahme eingegangen und eine therapeutische Vorgehensweise vorgestellt, die darin ihre theoretische Grundlage findet.

Im 5. Kapitel wird auf den Einfluß von Werten und Überzeugungen/Glaubenssätzen eingegangen und dargestellt, wie sie aufgedeckt und therapeutisch genutzt werden können.

1.
Ausgangspunkt Emotion

1.1 Der emotionszentrierte Ansatz

Die Psychotherapie setzt am Erleben des Patienten an. Die Emotionen sind das entscheidende Arbeitsmaterial im therapeutischen Prozeß, da sie im wesentlichen die auftretenden Symptome bestimmen. Die Emotionalität des Patienten steht also im Zentrum der Aufmerksamkeit. Sie ist es, die neurotische Störungen entstehen läßt und deren Aufrechterhaltung bewirkt. Daher sind die Kernpunkte therapeutischer Arbeit der Abbau belastender Emotionen und die Herstellung einer positiven Emotionalität.

Dem emotionalen Reaktionspotential kommt eine eigene Entwicklungsgeschichte zu, denn emotionales Lernen ist ein Kern individueller Erfahrungsbildung. Die Resultate früherer Lebenserfahrungen bilden die Grundlage der aktuellen Lebensbewältigung einschließlich ihrer Störungen. Emotionen können als Leitlinien der persönlichen Entwicklung angesehen werden, sie bestimmen unsere Lebensthemen und Entwicklungsrichtung. Emotionen stellen gewissermaßen Konstanten dar, die als Organisatoren der Persönlichkeitsentwicklung verstanden werden können. Wenn also das Entstehen neurotischer Störungen um die Entwicklung der Emotionen zentriert ist, so liegt es nahe, diese ins Zentrum der psychotherapeutischen Arbeit zu rücken und sich in erster Linie auf die Rekonstruktion des emotionalen Hintergrundes einer Person auszurichten.

In den folgenden Abschnitten geht es zunächst darum, inwieweit Geschehen und Erleben, das heißt Denken, Handeln und Wahrnehmen, durch Emotionen organisiert oder zumindest entscheidend mitbestimmt werden.

1.2 Emotionen bestimmen die Wahrnehmung

Wenn ich von Wahrnehmungen spreche, meine ich damit die *bewußte* Wahrnehmung. Die bewußte Wahrnehmung ist nicht nur ein sinnlicher Prozeß, der durch physiologische Gegebenheiten charakterisiert wird, sie ist vor allem eine Erkenntnistätigkeit. Ich sehe einen roten großen Apfel auf dem Tisch liegen. Ich nehme seine Farbe, Form und Größe wahr, seine glatte Oberfläche. Meine Wahrnehmung ist jedoch mehr. Ich registriere den Apfel mit Wohlbehagen, ich rieche seinen Duft, nehme seine Größe wahr, weil ich Hunger habe, sein glänzendes Aussehen macht mir Appetit. Und ich stelle mir auch noch vor, wie er mir schmecken wird. Nicht das Auge, das Ohr oder der Mund an und für sich nehmen wahr, *ich* nehme wahr. Ich als Ganzes. Dabei reguliert mein emotionaler Bezug, was ich wahrnehme und wie ich es wahrnehme. So wird mir beispielsweise jemand, der für mich von großer Bedeutung ist, körperlich größer erscheinen, als er in Wirklichkeit ist. Ein Agoraphobiker wird einen Platz anders wahrnehmen als ich. Jemand, der sich vor geschlossenen Räumen ängstigt, wird den Raum, den ich als angenehm wahrnehme, als beengend erleben. Betrachten wir ein Bild, das uns gefällt, so schätzen wir den Betrachtungszeitraum anders ein, als wenn wir im Regen auf den Bus warten. Das Krankheitsbild der Zyklothymie zeichnet sich dadurch aus, daß für die Betroffenen in der manischen Phase die Zeit „verfliegt", während sie im depressiven Zustand als „zähflüssig" erlebt wird. Vielleicht in etwas abgeschwächter Form haben wir aber alle schon die Erfahrung gemacht, daß Ereignisse mit positiver, emotionaler Tönung schnell vorbeigehen, während sich das unangenehme Erleben entsetzlich hinziehen kann. Doch subjektives Zeiterleben hat nicht nur diesen qualitativen, sondern auch den quantitativen Aspekt, daß für viele Menschen die vergangene Lebenszeit in der Erinnerung um so länger erscheint, je erfüllter sie war, und um so kürzer, je ärmer sie an Ereignissen erlebt wurde.

1.3 Emotionen bestimmen das Denken

Das Denken dient der Umarbeitung und Vervollkommnung von Wissen. Dabei ist das Denken kein isolierter Akt. Es ist in die Gesamtheit psychischer Vorgänge, insbesondere in das emotionale Leben des Denkenden eingebettet. Mit der Dynamik des Denkprozesses ist vor allem das Selbstwertgefühl verbunden, das Gefühl also, einer anstehenden Aufgabe gewachsen zu sein. Beim Erleben von Erfolg steigt das Selbstwertgefühl, und bei Mißerfolg reduziert es sich. Geringe aktuelle Kompetenz zur Bewältigung einer Situation läßt mich Angst fühlen. Die Angst ist der Indikator dafür, daß mir die Situation entgleitet oder bereits entglitten ist, daß ich den gegebenen Anforderungen nicht gewachsen, daß ich hilflos bin. Es ist in einem solchen Fall nicht möglich, effektiv, das heißt situationsangemessen, zu denken. Dabei wäre es gerade in einer Situation des Kontrollverlustes und der Hilflosigkeit besonders angezeigt.

Häufig bezieht sich das Denken nicht auf die Problemlösung und damit auf die Situationsbewältigung, sondern auf die Verhinderung eines negativen Selbstwertgefühls. Die Befürchtung, in schwierigen Situationen zu versagen, führt dazu, daß ich ihnen ausweiche: Statt mich an die Arbeit zu machen, zünde ich mir eine Zigarette an oder telefoniere mit einem Freund, weil mir plötzlich etwas eingefallen ist, was er unbedingt jetzt wissen muß. Vielleicht werde ich auch müde.

Die Befürchtung mangelnder Kompetenz kann auch andere Arten von Fluchtverhalten zur Folge haben:

Wenn ich nicht richtig weiß, wie ich ein Seminar vorbereiten soll, dehne ich die Literatursuche in der Bibliothek aus oder verliere mich in Detailfragen und überspiele damit die als mangelhaft empfundene Kompetenz. Manchmal wird das mangelnde Selbstwertgefühl auch dadurch kaschiert, daß in Gesprächen Fachbegriffe, Fremdwörter und verzwickte Satzkonstruktionen verwendet werden.

Ferner ändert sich das Denken in Streßsituationen; die Qualität sinkt, denn es muß schnell reagiert werden. Langwierige Denkoperationen stören nur. Die Kohärenz des Denkens läßt unter der emotionalen Belastung nach, die Selbstreflektion nimmt ab, die Problemsituation wird häufig unzureichend erfaßt. Mittel und Wege der Problemlösung werden übersehen, Bedingungen und Folgen von Handlungen oberflächlich bedacht.

Auch starke emotionale Belastung reduziert die Qualität des Denkens. Bei Depressionen verlangsamt sich der Gedankenstrom. Man bleibt an quälenden Gedanken kleben oder hat das Gefühl völliger Gedankenleere. Die Manie dagegen führt zur Denkbeschleunigung, die sich als Ideenflucht mit ständig sich änderndem Denkziel äußert. In Situationen großer tatsächlicher oder angenommener Gefahr reagieren Menschen mit Panik. Innerhalb von Minuten erfaßt sie eine Welle von Angst und macht aus überlegt handelnden Personen planlos Agierende. Das Denken ist gehemmt, die bewußte Kontrolle gestört, man verliert den Kopf, man handelt irrational. Das affektgesteuerte Handeln wird der Situation nicht gerecht.

1.4 Emotionen bestimmen das Handeln

Die Beziehungen zwischen Emotionen und Handeln sind vielschichtig.

Die Erklärung, daß planlosem Handeln Emotionen zugrundeliegen, entschuldigt und befreit gemeinhin von der Verantwortung für die negativen Folgen solchen Verhaltens. Ich bekenne, daß mir aus Angst etwas mißlang, und rechne dabei mit dem Verständnis meines Gegenübers oder der Gesellschaft. Mißerfolge auf die Gefühlslage zurückzuführen, ist üblich. Erfolgreiches Handeln erklärt man hingegen nur selten mit der emotionalen Verfassung. Hier verweist man lieber auf Intelligenz, Fähigkeiten, Willensstärke und Disziplin statt auf Emotionen. Hier akzeptiert man im allgemeinen den Einfluß der Gefühle auf das Handeln weniger.

Die Verquickung von Fühlen und Handeln wird offenkundig, sobald Emotionen besonders stark werden. Der Zusammenhang von Gefühlsintensität und Handlungseffizienz ist jedem bekannt. In Äußerungen wie „blind vor Wut", „blinde Liebe", „blinder Glaube" wird diese Beziehung sichtbar. In blinder Wut ist man nicht in der Lage, eine Situation angemessen einzuschätzen und entsprechend zu handeln. Blinde Liebe macht blind für das, was in dem Verhältnis zum anderen wirklich von Belang ist. Für Handlungen, die jemand außer sich vor Wut, d.h. im Affekt, begeht, kann er keine volle Verantwortung übernehmen, da er seinen emotionalen Zustand nicht kontrollieren kann. Die emotionale Situation, in der er sich befindet, wird von ihm selbst als fremd erlebt. Unter dem Einfluß entsetzlicher Wut sagt und tut man Dinge, die man im „normalen Zustand" nie äußern und tun würde und von denen man sich normalerweise distanzieren würde. In blinder Eifersucht quält jemand die Person, die er über alles liebt und für die er jedes Opfer bringen würde. Es ist, als wenn eine andere Person handeln würde, eine Person, die wir ablehnen. Die „emotionale Erregung" eines Straftäters wird als Sachverhalt anerkannt, der ihm die Steuerung über sein Verhalten nimmt. Straftaten, die unter dem Einfluß von Affekten begangen werden, werden schuld- und strafmildernd beurteilt.

Emotionale Prozesse können die Effizienz von Handlungen vergrößern oder reduzieren. Bei angemessener Intensität können sie positive Effekte haben, extreme emotionale Intensität kann aber auch die Deregulierung des Handelns bewirken. Jemand, der blind vor Zorn ist, entwickelt große Körperkräfte, um sich zu wehren, zugleich befindet er sich nicht in der Lage, die Situation angemessen zu handhaben. Eine starke negative Emotion, wie z.B. die Depression, kann unser Handeln desorganisieren und uns in einen hilflosen, kraftlosen Zustand versetzen, so daß wir nicht in der Lage sind, irgend etwas zu tun, was Anstrengung erfordert. Ein euphorisches Gefühl hingegen kann dazu führen, daß wir all unsere Kräfte mobilisieren und Leistungen erbringen, die uns ohne dieses Gefühl nie möglich wären. Die Freude, die wir bei einem wichtigen Erfolg erleben, erhöht in der Regel die Befriedigung und Motivation für weitere Arbeit. Versagensgefühle setzen die Energie für zukünftiges Tätigsein herab. Es gibt also genug Gründe, den Emotionen eine wesentliche Rolle bei der Handlungsregulation zuzuschreiben.

Emotionen geben dem Verhalten eine Form, indem sie die psychischen Handlungsvoraussetzungen Wahrnehmen, Denken und Motivation beeinflussen. Umgekehrt modulieren Wahrnehmen, Denken und Motivation die emotionalen Prozesse. Daraus folgt: Emotionen besitzen keine Eigenständigkeit. Nimmt man beispielsweise dem Ärger die eingeschränkte Wahrnehmung, das vereinfachte Denken, die Konzentration auf ein Motiv (wer sich ärgert, kann sich nicht freuen) und die Außengerichtetheit des Verhaltens, so bleibt vom Ärger nichts übrig. Ärger als eigenständigen psychischen Prozeß gibt es nicht. Er existiert nur als eine besondere Wahrnehmungs- und Denkform, als spezifischer motivationaler Prozeß und damit auch als eine bestimmte Handlungsform.

1.5 Emotionen organisieren Ereignisse

Bei der Bestimmung situationaler Zusammenhänge kann man von der Handlung ausgehen. Das Handeln organisiert das, was sich ereignet, bildet das Zentrum eines Ereignisses. Die wesentlichen Sachverhalte sind mit der Handlung verknüpft. Von ihr ist die inhaltliche Charakteristik der anderen Geschehenskomponenten abhängig. Sie spielt praktisch die Rolle der regulierenden Größe in den Abhängigkeitsverhältnissen zwischen den Elementen eines Geschehens. Daraus ergibt sich, daß Emotionen nicht nur als Handlungsformen existieren, sie treten auch als Ereignisformen auf.

Auf die Verknüpfung von Emotionen und Lebensereignissen weisen etliche Studien hin. In Untersuchungen, die insbesondere auf den Zusammenhang von emotionaler Stärke und Ereignisprägnanz abheben, wurde festgestellt, daß Ereignisse von nationaler und internationaler Bedeutung von nahezu jedermann sehr klar und deutlich erinnert werden. Die Erinnerungen sind sehr detailreich und präsent, nicht nur in bezug auf das jeweilige Ereignis an sich, sondern auch bezogen auf die Umstände seiner Kenntnisnahme. So erinnerten sich z.B. viele der Befragten, wo sie sich aufhielten, was sie taten und mit wem sie zusammen waren, als sie vom Tode John F. Kennedys erfuhren. Solche Erinnerungen werden als „flash-bulb-memories" bezeichnet. Dabei ist es belanglos, ob das berichtete Ereignis tatsächlich so oder anders stattgefunden hat, denn die Erinnerung an ein Ereignis ist subjektiv. Flash-bulb-Studien haben gezeigt, daß die Stärke der Affektreaktion, die beispielsweise bei der Nachricht vom Attentat auf Ronald Reagan bei vielen Menschen auftrat, ein geeigneter Prädiktor für die Konsistenz und Prägnanz der späteren Erinnerung an das Geschehen ist. Je stärker die Affektreaktion ist, um so ausgearbeiteter wird auch die Erinnerung sein. Hierbei vollzieht sich ein Wechselspiel: Die Gefühlsstärke hält die Lebendigkeit der Erinnerung aufrecht, und umgekehrt bewahrt natürlich auch das Ereignis jenen emotionalen Zustand, den es bewirkt hat. Kein Wunder: Emotionen können sich als bestimmte Ereignisformen konstituieren. Darüber hinaus wird möglicherweise das Geschehen mit bereits existierenden Kenntnissen und Erfahrungen derart verkoppelt, daß der Detailreichtum des Ereignisses bewahrt bleibt. Studien bestätigen diese Annahme. Eine Befragung von Versuchspersonen erbrachte, daß die meisten bei der Nachricht vom Mordversuch an Reagan sich an früher erfolgte Attentate auf Politiker erinnern. Die Erinnerung an Ereignisse bewahrt dann ihre besondere Lebendigkeit, wenn das Erlebte mit bereits vorhandenen Erfahrungen verbunden werden kann.

Weitere Untersuchungen lassen folgenden Aspekt vermuten: Allein die erste Erfahrung aus einer Reihe ähnlicher Erlebnisse wird im Gedächtnis detailliert fixiert, die anderen werden nur schematisch repräsentiert. Dabei stellen erstmalige Erfahrungen eines Ereignisses eine besondere Ereignisform dar. Sie bildet die Basis für die Wissensstruktur, die im Gedächtnis entwickelt wird, sobald ein ähnliches Geschehen mehrfach erlebt worden ist. Da die Wissensstruktur in entscheidendem Maß von den Emotionen bestimmt wird, die sich in einem erstmaligen Ereignis realisieren, ist von einem engen Zusammenhang zwischen Erinnerung und Emotionen auszugehen.

Wenn erstmalige Erfahrungen und andere außergewöhnliche Ereignisse als zentrale Bestandteile von Wissensstrukturen im Gedächtnis repräsentiert sind, dann ist zu erwarten, daß Personen im wesentlichen dann autobiographische Erinnerungen verfügbar haben, wenn ihnen Begriffe zur Bearbeitung vorgegeben werden, die Emotionen bezeichnen. So ist anzunehmen, daß beispielsweise ein Begriff wie „Liebe“ mit Erinnerungen an Ereignisse verbunden ist, in denen sich dieses Gefühl in besonderer Weise entfaltete. Um die Annahme zu überprüfen, daß Emotionen wesentlich an der Organisation von Erinnerungen beteiligt sind, hatten Versuchspersonen Vorstellungen zu erzeugen, die sich auf Begriffe für Emotionen, Persönlichkeitseigenschaften, Menschengruppen und Gegenstände bezogen. Nach Generierung der Vorstellungen wurde gefragt, ob die erzeugte Vorstellung eine spezifische, datierbare Erinnerung war, eine zusammengesetzte, konstruierte Vorstellung, der Erfahrungen zugrunde lagen, oder eine, die nicht datiert werden konnte. Es zeigte sich, daß im Unterschied zu den anderen Begriffen die Emotionswörter in ihrem begrifflichen Inhalt von autobiographischen Erinnerungen dominiert werden, daß beispielsweise die Emotion „Liebe“ ganz eng mit Erinnerungen an Liebes*erfahrungen* assoziiert ist. Es sind jedoch nicht nur einzelne Emotionen, wie beispielsweise Liebe oder Traurigkeit, die sich in Ereignissen, genauer: in bestimmten Ereignisformen, entfalten. Länger andauernde emotionale Einstellungen verwirklichen sich ebenfalls in Ereignisfolgen von bestimmter Form. Im Rahmen der „Mood-Event-Forschung“ wurde festgestellt, daß Stimmungen unsere Lebensthemen konstituieren. Sie bestimmen die Themen, die unserem Dasein grundlegende Orientierung geben, wie z.B. die Themen „Liebe“ und „Tod“. Sie können ganze Lebensphasen bestimmen, nur Komponenten von Lebensphasen darstellen oder sich auch nur in einzelnen Geschehnissen äußern. Man kann feststellen, daß in einer depressiven Stimmung bedrückende Lebensereignisse erinnert werden, daß in freudiger Stimmung Erinnerungen an freudige Ereignisse aktiviert werden. Als Fazit und gleichzeitig als Ausgangspunkt kann festgestellt werden: Emotionen werden im Gedächtnis in Form von Ereignisfolgen repräsentiert.

Der emotionszentrierte Ansatz, dem ich in der Psychotherapie folge, richtet das therapeutische Vorgehen im wesentlichen auf die Änderung der emotionalen Situation des Klienten aus. Es wird davon ausgegangen, daß die positive Veränderung des momentanen emotionalen Zustandes eine Änderung des Wahrnehmens, Denkens und Handelns herbeiführt. Mit der Änderung der jetzigen Emotionen ändert sich auch das, was geschieht und geschehen wird. Wenn ich aber Emotionen ändern will, dann muß ich die Ereignisse ändern, in denen sich diese Emotionen konstituieren. Dies betrifft Geschehnisse, die mein Gegenüber erlebte und die er als belastend empfand und empfindet, vor denen er sich z.B. ängstigt oder die ihn depressiv werden lassen. Um dem Klienten zu ermöglichen, belastende Gefühlszustände aufzugeben und positive Gefühle zu entwickeln, müssen sich in seinem Kopf die Ereignisformen ändern, in denen sich das belastende Gefühl kristallisierte. Das setzt allerdings voraus, daß ich eine Vorstellung davon habe oder eine Annahme, wie Ereignisse im Gedächtnis repräsentiert sein könnten. Hierbei beziehe ich mich auf die „Triplecodierungstheorie" von Anderson. Sie besagt, daß unser Wissen in dreifacher Weise im Gedächtnis festgehalten wird: Aussagen (Propositionen) speichern unser Wort- und Begriffswissen, räumliche Bilder (spatial images) dienen der visuellen Wissensrepräsentation und speichern die räumlichen Gegebenheiten eines Ereignisses und Zeitbänder (temporal strings) halten den Ereignisverlauf im Gedächtnis fest. Zeitlich aufeinanderfolgende Ereignisse werden demnach wahrscheinlich in räumlichen Bildern repräsentiert, die auf Zeitbändern hintereinander angeordnet sind.

Im folgenden wird gezeigt, wie insbesondere die Überlegungen zur visuellen Wissensrepräsentation von Ereignissen therapeutisch genutzt werden können.

1.6 Das Therapieprotokoll

1.6.1 Die Technik „Dahinter schauen“

ECKARD: Jetzt sollten wir über Deine jetzigen Einschlafschwierigkeiten sprechen, nicht wahr? Seit wann hast Du sie?

KLIENT: Seit ca. einem halben Jahr fällt es mir schwer, einzuschlafen. Normalerweise gehe ich rechtzeitig ins Bett. Bis vor einem Jahr lief auch alles ganz gut. Da bin ich ins Bett gefallen und hab wie ein Murmeltier geschlafen. Und dann konnte ich plötzlich nicht mehr richtig schlafen. Anfangs waren es nur Minuten, die ich wach lag. Ich stand dann auf, weil ich Durst bekam, oder ich lag im Bett, und dann fiel mir plötzlich etwas ein, was ich unbedingt noch hätte erledigen müssen, oder mir fiel etwas ein, was ich am nächsten Morgen unbedingt tun mußte. Besonders in der letzten Zeit kann ich ganz schlecht einschlafen. Am Morgen fühle ich mich dann wie zerschlagen. Dabei muß ich sagen, daß ich gegen 23 Uhr ins Bett gehe, also genug Zeit habe, um gut ausgeschlafen zu sein am nächsten Morgen.

Auf jeden Fall werde ich im Bett nach einer Weile unruhig. Da stehe ich dann wieder auf und erledige bis so gegen ein Uhr irgendwelche wichtigen Sachen, die aber eigentlich gar nicht wichtig sind, und schlaf dann ungefähr gegen halb zwei ein. Seit einer Woche unterlasse ich das nächtliche Herumgelaufe. Ich bleib dann einfach im Bett liegen. Und irgendwann schlafe ich dann ein und wache morgens total kaputt auf. In der Universität sitze ich dann müde herum und bekomme kaum etwas mit. Manchmal gehe ich auch nach Hause, um zu schlafen. Aber bisher bin ich auch zu Hause dann immer wachgeblieben. Wenn ich nämlich einmal aufgestanden bin, dann fällt es mir sehr schwer, mich wieder hinzulegen und zu schlafen. So etwas wie Nachmittagsschlaf kenne ich überhaupt nicht. Früher habe ich keinen Kaffee getrunken, seit einiger Zeit trinke ich morgens eine Tasse oder manchmal auch zwei, damit ich aufwache und mitbekomme, was im Seminar oder in der Vorlesung läuft. Um nachts schlafen zu können, habe ich auch schon einmal Schlaftabletten ausprobiert. Die haben allerdings auch nichts gebracht, und außerdem will ich keine Medikamente nehmen. Ich will das Problem endlich loswerden und wieder gut schlafen können, und deshalb sitze ich hier.

ECKARD: Dann möchte ich Dich jetzt bitten, erinnere Dich bitte an einen Abend oder eine Nacht, in der Du schlecht eingeschlafen bist.

KLIENT: Ja. Das ist allerdings schon einige Wochen her, und da war es besonders schlimm.

ECKARD: Ist die Erinnerung deutlich?

KLIENT: Ja, und es ist ein Farbfilm. Ich seh mich selbst in dem Film.

ECKARD: Mach es Dir jetzt bitte ganz bequem, lehn Dich gegebenenfalls in den Sessel zurück, streck die Beine aus. Tu bitte alles, damit Du Dich auf Deinem Platz hier wohlfühlst.

KLIENT: Mach ich! (Der Klient lehnt sich zurück und streckt die Beine aus.)

ECKARD: Wenn Du Dir jetzt die Szene anschaust, hat sich da irgend etwas geändert?

KLIENT: Die Szene ist weiterhin klar, sie ist jedoch ein Stück weiter weggerückt.

ECKARD: Bitte, schiebe die ganze Szene jetzt zur Seite und laß Dich bitte überraschen, was dahinter hervorkommen kann. Warte einfach ab, was geschieht.

KLIENT: Du möchtest, daß ich die Situation zur Seite schiebe? Geht das denn?

ECKARD: Laß Dich überraschen.

KLIENT: (Er streichelt mit der linken Hand über den rechten Arm.) Da kommt wirklich etwas. (Der Klient wird bleich, und er beugt sich nach vorn.)

ECKARD: Streck bitte ruhig die Beine wieder aus und lehn Dich zurück.

KLIENT: Da ist eine Situation, an die hab ich schon lange nicht mehr gedacht.

ECKARD: Nachdem Du die Ausgangssituation zur Seite geschoben hattest, was geschah dann?

KLIENT: Nachdem ich die Szene ganz leicht zur Seite geschoben hatte, habe ich gewartet, wie Du gesagt hattest, und dann tauchte plötzlich die andere Erinnerung auf, und ich war für einen Augenblick außerhalb dieses Raumes. Ich war mitten im Geschehen drin.

ECKARD: Gibt der Szene einen Namen, der ihrem Charakter angemessen ist.

KLIENT: Diese Szene nenne ich „Trennung".

ECKARD: Ist die Erinnerung deutlich?

KLIENT: Sie ist deutlich und ziemlich groß. Ich bin in der Szene drin, und alles ist um mich herum. Es ist alles ganz nah. Das Ereignis liegt aber schon Jahre zurück. (Pause) Ich fühle mich schlecht.

ECKARD: Dann steh bitte kurz mal auf und beweg Dich ein bißchen.

KLIENT: (Er geht einige Schritte hin und her.) Es war furchtbar damals. Ich habe viele unangenehme Erinnerungen an die Zeit.

ECKARD: Merk Dir bitte die Erinnerungen, die Dir besonders bestätigen, daß das damals eine so schlimme Zeit gewesen war, und gib den Erinnerungen bitte einen Code-Namen.

KLIENT: Mach ich. (Er nimmt wieder Platz.) Die Erinnerungen nenne ich „Konflikte mit Jeanette".

ECKARD: Lehn Dich bitte jetzt wieder zurück und streck die Beine aus, mach es Dir bitte bequem. Und nachdem Du das getan hast, schiebe bitte die Trennungsszene zur Seite, wenn es geht. Bitte, schiebe sie leicht zur Seite.

KLIENT: Das geht nicht. Die Szene bewegt sich nicht vom Fleck.

ECKARD: Möglicherweise möchte Dein Unbewußtes sicherstellen, daß Du das würdigst, was Du durch das Trennungserlebnis Wichtiges gelernt und erfahren hast, statt nur davon schockiert zu sein.

KLIENT: (Pause) Das stimmt. (Er lächelt.) Jetzt kann ich die Szene zur Seite schieben. Es taucht da eine Szene aus einem Film auf, den ich vor kurzem gesehen habe. Ein Schiff gerät auf hoher See in einen Sturm, und alles gerät durcheinander.

ECKARD: Bitte, schieb auch diese Szene zur Seite und warte ruhig ab, was geschieht.

KLIENT: Jetzt taucht ein Vulkan auf, die Lava strömt ins Meer, und ich höre das Wasser brodeln. (Pause) Gerade ist mir eine sehr unangenehme Erinnerung eingefallen. Daran hab ich lange nicht mehr gedacht.

ECKARD: Gib dieser Erinnerung einen passenden Codenamen und sage ihn mir bitte, wir kommen später auch auf diese Erinnerung zurück.

KLIENT: Das Ereignis nenne ich „Schlange". Soll die Vulkanszene auch zur Seite geschoben werden?

ECKARD: Ja.

KLIENT: Dahinter taucht gar nichts auf. Ich sehe nur das Bild da drüben an der Wand.

ECKARD: Gefällt es Dir?

KLIENT: Ja, es hat sehr intensive Farben. Es ist ein fröhliches Bild!

ECKARD (zur Gruppe): Es gibt im Augenblick mehrere Möglichkeiten, um weiterzuarbeiten. Einmal könnte ich mich auf seine Bildwahrnehmung beziehen, zum anderen können wir herausfinden, was er unter „dahinter taucht gar nichts auf" versteht.

ECKARD (zu dem Klienten): Du sagtest, daß dahinter gar nichts auftaucht. Was für ein „Nichts" ist das? Ein weißes Nichts, ein grünes Nichts, ein kariertes Nichts?

KLIENT: Es ist wie ein Nebel, ein fester grauer Nebel.

ECKARD: Angenommen, dieser feste graue Nebel hätte einen positiven Zweck und eine positive Absicht für Dich, angenommen, er möchte etwas Wichtiges für Dich tun, was wäre es?

KLIENT: (Pause) Ich soll auf mich aufpassen, nichts überstürzen und mir Zeit lassen mit dem, was wir hier tun. Ich setz mich nämlich unter Druck.

ECKARD: Was kannst Du hier jetzt dafür tun, daß Du es unterläßt?

KLIENT: Es ist wichtig, daß ich darauf achte, daß ich es mir bequem mache. Daß ich zurückgelehnt sitze, meine Beine ausgestreckt sein lasse und so weiter, aber da fehlt noch was. Was da noch fehlt, das weiß ich allerdings nicht.

ECKARD (zur Gruppe): Es ist Euch sicher aufgefallen, daß er seinen Oberkörper leicht nach hinten lehnte und kurz mit der rechten Hand seinen Bauch berührte, als er sagte, daß er auf sich aufpassen soll. Wir zeigen, nicht nur auf das, was wir tun, wir weisen auch oft auf das hin, was eine Problemlösung ermöglicht.

(Zum Klienten) Würde es Dir helfen, ein Kissen auf den Bauch zu legen oder würde es genügen, wenn Du die Hände auf Deinen Bauch legst?

KLIENT: Ein Kissen auf den Bauch zu legen und es mit den Händen an mich zu drücken, das wäre ganz gut. Hast Du eines?

ECKARD: Ja! (Eckard gibt dem Klienten ein Kissen.) Und jetzt schiebe bitte den festen grauen Nebel wie einen Vorhang zur Seite, und zwar in angemessener Vorsicht.

KLIENT: (Preßt unbewußt das Kissen an sich.) Dahinter sehe ich ein ganz kleines Kind, das sich anstrengen muß, um nicht von den Wellen unter Wasser gedrückt zu werden. Ich kann sogar das Geräusch der Wellen hören, die so grau sind wie der Himmel. Mein Vater hatte mir oft erzählt, daß ich als Kind beinahe ertrunken wäre. Deshalb habe ich wahrscheinlich auch heute noch Angst davor, allein schwimmen zu gehen. Außerdem ist vor einigen Jahren vor meinen Augen eine Frau so unglücklich auf den Steinen im Meer ausgerutscht, daß sie sich die Schulter blutig schlug. Wenn das Wasser an der Stelle sehr tief gewesen wäre, hätte sie ertrinken können. Ich hatte enorme Angst um sie. Sie tat mir sehr leid. Ich half ihr, an den Strand zu kommen, und brachte sie zum Arzt.Ich mußte das einfach tun.

ECKARD: Bitte, gib der Erinnerung an den Unfall der Frau einen Codenamen und leg diese Erinnerung jetzt zur Seite, wir kommen später darauf zurück. Kannst Du Dir bitte jetzt noch einmal den kleinen Jungen vergegenwärtigen, der sich so anstrengt, um nicht von den Wellen unter Wasser gedrückt zu werden?

KLIENT: Ja.

ECKARD: Ist der kleine Junge Dein jüngeres Ich?

KLIENT: Ja.

ECKARD: Kannst Du innerlich Kontakt zu Deinem jüngeren Ich aufnehmen, zu dem kleinen Kind?

KLIENT: Ja.

ECKARD: Dann geh bitte zu dem Kleinen hin und hol ihn aus dem Wasser raus und bringe ihn vorsichtig an den Strand und tröste ihn und sag ihm, daß Du aus seiner Zukunft kommst, daß Du der bist, zu dem er in der Zukunft geworden ist. Sag ihm bitte, daß Du alles gut überlebt hast und daß Du hier bist, um ihm zu helfen und für ihn dazusein. Tu bitte all das, was gut für ihn ist, gib ihm die Kraft, die er braucht, um mit der Situation gut fertigzuwerden. Tröste ihn und nimm ihn in den Arm und laß ihn wissen, vorausgesetzt, er versteht das, daß wir besonders dann wichtige Erfahrungen machen und am meisten lernen, wenn wir uns in Situationen befinden, die uns nicht sonderlich gefallen.

KLIENT: Ja, das ist leider wahr!

ECKARD: Und laß Dir bitte all die Zeit, die Du brauchst, um das zu tun, was für Dich wichtig und angenehm ist. Und würdige bitte das, was er für Dich tat, würdige das, was er für sich tut, und frage, was er benötigt, um mit der Situation gut fertig zu werden, und erfülle ihm dann seine Wünsche. Gib ihm bitte das Wissen und gegebenenfalls die Gefühle, die nötig sind, damit er seine Situation erfolgreich und mit angemessenem Gefühl bewältigen kann. Zum Schluß laß ihn bitte an Deinem Leben teilnehmen, zeig ihm, wie Du lebst und was Du machst, soweit er das verstehen kann; und wenn er es möchte, versprich ihm, daß er Dich jederzeit erreichen und zu Dir kommen kann, wann immer er das benötigt, um bei Dir Schutz, Trost und Liebe zu finden, wie Du auch bei ihm. Bitte, geh jetzt zu ihm hin und tu alles das, worum ich Dich gebeten habe.

KLIENT: Ja. (Pause) Jetzt geht es ihm gut, endlich, nach so langer Zeit. Er lacht. Er sitzt jetzt am Strand und spielt mit den Füßen im Wasser.

ECKARD: Kannst Du Dich bitte noch einmal in seine Situation hineinversetzen? Wie fühlst Du Dich dann?

KLIENT: Einen Augenblick bitte! (Pause) Ganz gut!

ECKARD: Wie geht es Dir?

KLIENT: Es geht mir ganz gut.

ECKARD: Es geht Dir also richtig gut!

KLIENT: Es geht mir ganz gut. (Der Klient sieht dabei Eckard an und legt den ausgestreckten Zeigefinger der linken Hand an den Mund.) Da fehlt noch was.

ECKARD: Bitte, richte Deine Aufmerksamkeit, Deinen Blick jetzt nach rechts hin.

KLIENT: Da ist nichts, da ist nur die Wand, die weiße Wand.

ECKARD: Angenommen, da wäre doch noch etwas anderes als die weiße Wand. Was wäre es dann?

KLIENT: (Pause) Da ist ein weißes Nichts, ein weißer Nebel, und ich fühl mich plötzlich unwohl und irgendwie ganz klein.

ECKARD: Da ist es ja ganz beruhigend, erwachsen und im Vollbesitz seiner Kräfte zu sein, nicht wahr?

KLIENT: (Er lacht.) Das ist sogar sehr beruhigend.

ECKARD: Und jetzt guck bitte einmal über den Nebelvorhang da. Du bist ja groß genug dafür, oder?

KLIENT: Ja. (Pause) Da sitzt ein kleines Kind allein im Zimmer und weint. Mir wird ganz kalt.

ECKARD: Wenn Du es kannst, dann geh zu dem kleinen Kind hin und nimm es in den Arm. Aber vorher laß bitte Wärme und Licht in das Zimmer und ein bißchen frische Luft nach so langer Zeit. Mach bitte ein Fenster auf und laß den Frühling rein oder das Leben. Was passiert?

KLIENT: Jetzt ist es ein richtig angenehmes Zimmer geworden, und es ist ganz hell darin. Das Fenster habe ich weit geöffnet, und ich kann sogar

Vogelgezwitscher hören. (Pause) Der Kleine freut sich jetzt. Er weint nicht mehr, er lacht. Ich hab das Bedürfnis, ihn in den Arm zu nehmen.

ECKARD: Ja, nimm ihn in die Arme und tröste ihn. Er hat so lange auf Dich warten müssen. Würdige das, was er für Dich getan hat und was Du durch ihn gelernt hast. Vorausgesetzt, Du möchtest das. (Pause) Wie geht es Dir?

KLIENT: Gut, sogar sehr gut. Es ist etwas Merkwürdiges passiert. Ich habe ihn in die Arme genommen und ihn getröstet und hatte ihn auch gewürdigt in dem, was er für mich ertragen hat, und hab auch erfahren, was ich durch ihn gelernt hab, und da hatte ich plötzlich das Gefühl, daß wir miteinander verschmelzen. Mir wird richtig warm im ganzen Körper.

ECKARD: Und wie sieht das Zimmer jetzt aus?

KLIENT: Das Zimmer ist ganz hell geworden. Ich gucke aus dem Fenster auf große Bäume und höre Vogelgezwitscher, und irgendwo unten vor dem Haus muß ein Spielplatz sein. Ich kann Kinderrufen und Lachen hören.

ECKARD: Und wie geht es dem kleinen Jungen, der am Wasser spielt?

KLIENT: Den hatte ich ganz vergessen. Einen Augenblick mal! Der spielt mit dem Wasser. Er läuft ein Stückchen ins Wasser hinein und dann wieder zurück an den Strand, und dann läuft er wieder ins Wasser und wieder zurück an den Strand. Es geht hin und her. Er macht sich dabei bei seinen Eltern bemerkbar, und mich guckt er zwischendurch auch an. Er weiß, daß auf ihn aufgepaßt wird. Es ist ein schöner Tag, der Himmel ist total blau, und das Wasser glitzert in der Sonne.

ECKARD: Und wie geht es Dir?

KLIENT: Mir geht es richtig gut.

ECKARD: Angenommen, Du würdest das, was Du in dem Zimmer und in der Strandszene wahrnimmst an Gefühlen, Gedanken, positiven Lebenseinstellungen und Überzeugungen in einem Farbton oder einem Farbenspiel darstellen, welche Farbe oder Farbtöne wären es dann?

KLIENT: Spontan sind mir die Farben Gold und Blau eingefallen.

ECKARD: Dann nimm bitte diese Farbtöne und bringe sie, diese farbigen Energien, in die Situationen hinein, die vorhin in Dir auftauchten. Bitte, bringe das Gold und das Blau jetzt in die Vulkanszene und danach in die Schiffsszene hinein.

KLIENT: (Pause) Die Vulkanszene hat aufgehört zu existieren. Die Szene hat sich in eine schöne Hügellandschaft verwandelt. Die Szene, in der das Schiff sich im Sturm befand, hat sich auch geändert. Der Sturm hat sich beruhigt. Der Himmel ist blau, die Sonne scheint, die Wellen gehen ruhig. Auf dem Meer befindet sich ein schönes großes Segelschiff.

ECKARD: Mit der Vulkanszene war eine andere Erinnerung für Dich verknüpft. Was ist mit der? Was ist mit der Erinnerung „Schlange"?

KLIENT: Augenblick mal! (Pause) Die Situation hat sich ebenfalls positiv geändert.

ECKARD: Und jetzt bring bitte die Farben Gold und Blau in die Trennungssituation hinein. Was geschieht dann?

KLIENT: Die Situation ändert sich total, aber ich möchte trotzdem nicht darüber reden. Die Trennungsszene hat sich wirklich vollkommen geändert.

ECKARD: Und was ist mit den Erlebnissen, die Du die „Konflikte mit Jeanette" genannt hast?

KLIENT: (Pause) Das ist jetzt auch alles in Ordnung.

ECKARD: Bist Du zufrieden? Ist wirklich alles in Ordnung?

KLIENT: Ja.

Eckard: Dann bring bitte jetzt diese goldene und blaue Farbe, diese farbige Energie, in die Ausgangssituation hinein.

KLIENT: Es ist nicht mehr nötig. Die Situation hat sich geändert. Ich liege im Bett und bin dabei einzuschlafen. Ich fühle mich ruhig und entspannt und freue mich auf den kommenden Schlaf.

ECKARD: Und was macht die Erinnerung an die Frau, die auf den Steinen im Wasser ausrutschte?

KLIENT: Die Erinnerung an die Frau hat sich ebenfalls geändert. Die Frau lächelt jetzt, und ich höre sie sagen: „Es ist nur eine kleine Verletzung." Ich nehme erst jetzt wahr, daß die Sonne schien. Mir geht es gut.

ECKARD: Und wie findest Du das?

KLIENT: Wie ich das finde? Natürlich gut.

Fragen der Teilnehmer

HERMANN: Nachdem der Klient die Vulkanszene aufgedeckt hatte und Du ihn gebeten hast, die Szene zur Seite zu schieben, da kam gar nichts. Er sah nur das Bild dort an der Wand, und dann sagtest Du, daß es zwei Wege geben würde, um mit der therapeutischen Arbeit fortzufahren. Du folgtest dem einen, und ich möchte gern wissen, worin der andere besteht.

ECKARD: Es gibt natürlich mehr als zwei Wege, aber für mich kamen in diesem Moment nur diese beiden in Frage. Den einen habe ich verfolgt, und den anderen, den ich angedeutet habe, den erkläre ich jetzt. (Zum Klienten) Guck Dir doch noch einmal das Wandbild an. Kannst Du Dich noch daran erinnern, daß Du das Bild vorhin wahrgenommen hast?

KLIENT: Ja, natürlich.

ECKARD: Was fällt Dir auf, wenn Du Dir das Bild anschaust?

KLIENT: Ich mag die Farben in dem Bild gern, und zwar das Blau, das Rot und das Gelb. (Der Klient fängt an zu lachen)

ECKARD (zur Gruppe): Er hatte sich deshalb auf das Bild orientiert, weil in dem Bild das symbolisiert wird, was er brauchte, um seine Situation zu ändern. Ich hatte mich deshalb für den anderen Weg entschieden, weil Euch das die Möglichkeit gegeben hat, das praktizierte Vorgehen genau kennenzulernen, denn das, was der Klient gemacht hat, passiert nicht so häufig. In diesem Zusammenhang fällt auch das auf, was Ihr sicherlich auch bemerkt habt, daß der Klient sich fast immer, wenn er sich an eine unangenehme Situation erinnerte, übers Haar strich oder sich mit der linken Hand den rechten Arm streichelte oder eine Hand auf den Bauch legte. Was bedeutet das? Der Klient zeigte eine simultane Inkongruenz. Während der Klient ein Problem darstellt, aktiviert sich zugleich ein anderer Teil des Klienten, der, auf das Problem bezogen, eine Gegenposition und Lösungsmöglichkeit anbietet. In dem Moment, in dem der Klient das Problem verdeutlicht, weist er unbewußt zugleich auf die Ressourcen hin, die geeignet sind, um das jeweilige Problem zu lösen.

RENATE: Du hast den Klienten während der Veränderungsarbeit zu einem für mich überraschenden Wechsel der Blickrichtung aufgefordert. Was hat Dich dazu bewogen?

ECKARD: Du weißt, jeder innere psychische Prozeß spiegelt sich in unserem Verhalten wider. Wir erfahren beispielsweise über Augenbewegungen, Atemmuster und andere physiologische Veränderungen, über Gestik und Mimik, Körperhaltung, Stimmlage und Sprachtempo, was in unserem Gegenüber vorgeht und welche inneren Prozesse er aktiviert. Normalerweise zeigen uns Augenbewegungen, welches Repräsentationssystem jemand benutzt. Blickt jemand nach links unten, so befindet er sich im internalen Dialog. Blickt er nach rechts unten, erschließt er das kinästhetische Repräsentationssystem. Eine hohe Stimmlage verweist darauf, daß das visuelle Repräsentationssystem aktiviert ist. Bauchatmung signalisiert, daß der andere sich auf seine Gefühle bzw. seine Empfindungen bezieht. Es gibt unterschiedliche Zugangshinweise, die ich benutzen kann, um den ablaufenden, inneren Prozeß zu erfassen. Die Frage ist nun, welchen Zugangshinweis ich benutzt habe. Wer von Euch hat mitbekommen, welchen Hinweis mir der Klient gab?

RALF: Soweit ich mich erinnere, sah der Klient Dich an, bevor Du ihn gebeten hast, die Wahrnehmungsrichtung zu ändern. Er saß etwas zurückgelehnt auf seinem Platz und hat das Kinn auf die linke Hand gestützt. Seine rechte Hand lag auf dem rechten Oberschenkel. Er befand sich zeitweilig im inneren Dialog, aber den größten Teil der Zeit hat er direkt Dich angeguckt. Ich glaube nicht, daß Du Dich nach seinen Augenbewegungen gerichtet hast. Eine Handbewegung hatte er auch nicht gemacht. Stimmlage und Sprachgeschwindigkeit könntest Du auch nicht als Hinweise benutzt haben.

ECKARD: Das stimmt. Weder Augenbewegungen noch Veränderung von Atmung, Körperhaltung oder Stimme lieferten mir den Hinweis. Ralf, Du hast erwähnt, daß der Klient sein Kinn auf die linke Hand gestützt hatte, was nach allgemeiner Erfahrung auf das Vorhandensein eines inneren Dialogs hinweist. So war es auch. Was Du allerdings nicht beobachtet hast, war, daß der Klient mir, während er mit der linken Hand sein Kinn umfaßte, einen kleinen Fingerzeig gab.

RALF: Das habe ich nicht mitbekommen. Welchen denn?

ECKARD: Der Klient zeigte mit dem ausgestreckten Zeigefinger der linken Hand, der Hand, auf die er das Kinn gestützt hatte, in die Richtung, in die ich ihn dann auch bat zu sehen. Er tat es, und er entdeckte die Szene, die ihn nachher so sehr berührte. Der innere Dialog, den er führte, war unter anderem auch mit der von ihm entdeckten Situation verknüpft. Da er mich mit seinem Zeigefinger darauf hinwies, daß der internale Dialog mit einem anderen Geschehen assoziiert war, bin ich dem natürlich nachgegangen. Der Klient hätte allerdings auch auf etwas anderes, nämlich eine Ressource, hinweisen können, denn solche Fingergesten können mehrdeutig sein.

Beispielsweise kann eine solche Fingergeste direkt auf ein Geschehen verweisen und sich zugleich symbolisch auf einen anderen Sachverhalt beziehen. So wie ein Wort unterschiedliche Bedeutungen haben kann, so kann auch eine Geste verschiedenes bedeuten. Wenn jemand beispielsweise den Zeigefinger an den Mund legt und dabei den Kopf leicht hin- und herbewegt, dann kann es zweierlei sein: Zum einen verweist der Zeigefinger auf ein bestimmtes Geschehen, zum anderen verschafft die leichte Berührung des Mundes ihm ein angenehmes Gefühl. Das Gefühl ist möglicherweise als Ressource zu verstehen und die Kopfbewegung als Verneinen des internalen Dialoges, in dem er sich befindet. Was ich daran erkenne, daß seine Augen nach links unten gerichtet sind. Die Fingerhinweise können selbstverständlich von den Fingern beider Hände gegeben werden. Ihr werdet feststellen können, daß häufig die Zeigefinger der linken und rechten Hand aneinandergelegt auf einen Sachverhalt verweisen. Die Hinweise beziehen sich zwar meistens auf Sachverhalte, die die Person betreffen, mit der wir arbeiten, aber es gibt auch Fingergesten, die darauf verweisen, daß es um das Verhältnis zwischen Therapeut und Klient geht. Damit komme ich auf ein Phänomen zu sprechen, das als Übertragung bezeichnet wird. Vor einigen Jahren arbeitete ich mit einer Klientin zusammen, die mit mir und mit der ich von Anfang an Probleme hatte. Ich konnte mich während der Arbeit nicht konzentrieren, und sie reagierte meistens aggressiv auf mein Verhalten, auf meine Fragen und Vorschläge. Die Situation zwischen uns eskalierte so sehr, daß wir uns entschlossen, die Zusammenarbeit zu beenden. Damals sah ich keine andere Möglichkeit, als so die unangenehme Situation aufzulösen. Heute weiß ich, daß wir beide in Übertragungen und Gegenübertragungen befangen waren, die eine produktive Zusammenarbeit verhinderten. Sollte es Euch passieren, daß eine Zusammenarbeit anstrengend und mühsam wird, und zwar nicht nur, weil Euch das nötige therapeutische

Rüstzeug fehlt, sondern auch weil trotz aller Bemühungen die Beziehung zwischen Therapeut und Klient (der Rapport) gestört ist, könnt Ihr davon ausgehen, daß Übertragungen und Gegenübertragungen die Arbeit behindern. Sobald ich den Eindruck habe, daß das geschieht, bitte ich mein Gegenüber augenblicklich, sich eine visuelle Vorstellung von mir zu machen und diese dann zur Seite zu schieben, damit die dahinter befindlichen Bilder oder Szenen bewußt und deren sozusagen emotionale Ladungen überprüft werden können. Ich unterziehe mich ebenfalls diesem Prozeß. Realisieren sich in den auftauchenden Szenen negative Emotionen, werden sie geändert (s.a. 3.5.2). Danach kann die Arbeit problemlos fortgesetzt werden.

ERWIN: Unter den Erinnerungen, die der Klient aufgedeckt hatte, tauchte eine Szene aus einem Film auf, nämlich ein Schiff, das in einen Sturm geriet. Später kam noch die Vulkanszene zum Vorschein. Was bedeutet das?

ECKARD: Was das genau bedeutet, das weiß ich natürlich nicht. Das, was ich dazu sagen kann, ist, daß wir die Fähigkeit haben, Sachverhalte auch symbolisch darzustellen. Bezogen auf unangenehme Sachverhalte, wirkt die symbolische Darstellung natürlich weniger belastend als die direkte Darstellung. Die von dem Klienten aufgedeckten Szenen sind Metaphern für etwas für ihn bedeutsames Anderes. Die enge Verknüpfung zwischen einer Metapher und wirklich Erfahrenem zeigte der Klient uns, als die Vulkanszene auftauchte. Mit dieser Szene war eine für den Klienten unangenehme Erinnerung direkt assoziiert. Das Schiff, das in einen Sturm geriet, war eine Metapher, die für sich allein stand. Bewußt war mit ihr kein anderes Ereignis verknüpft.

SVEN: Der Klient hat ja brav genau all das gemacht, was Du Dir gewünscht hast. Oder etwa nicht? Geht das immer so glatt, oder gibt es auch Schwierigkeiten, die auftauchen können bei solcher Arbeit?

ECKARD: Natürlich läuft es nicht immer so glatt wie bei diesem Klienten. Wenn jemand durch eine Erfahrung so sehr emotional belastet wird oder durch ein Erleben so tief berührt ist, daß das Geschehene zu einem zentralen Lebensereignis geworden ist, wird das Erlebte als traumatische Erfahrung begriffen. Dann ist es häufig für den Betreffenden nicht angemessen, die Szene einfach zur Seite zu schieben. In einem solchen Fall ist es zuerst erforderlich, sich diesem subjektiv so hoch bewerteten Geschehen zu widmen, es in seiner Lebensbedeutung für den anderen zu erfassen und positiv zu würdigen. Erst dann kann es möglich sein, hinter das Ereignis zu „sehen". Es kommt allerdings nicht selten vor, daß uns die Erfahrungshintergründe eines solchen Ereignisses verborgen bleiben. Häufig gibt es dagegen gravierende, innere Einwände, denen wir zu entsprechen haben, ehe wir die Erfahrungshintergründe aufdecken können.

Vor einiger Zeit habe ich mit jemandem zusammengearbeitet, dem es anfänglich unmöglich war, diese Methode zu nutzen. Es gelang ihm nicht, auch nur ein einziges Bild, eine einzige Vorstellung zu verschieben. Wie sich herausstellte, definierte er die Möglichkeit, Bilder und Vorstellungen bewegen zu können, um andere dahinter befindliche Bilder und Vorstellungen in den Vordergrund und damit ins Bewußtsein treten zu lassen, als große Offenheit und innere Freiheit, die er sich selbst nicht zubilligte, die er nicht zu haben glaubte. Glaubenssätze hinderten ihn daran, Erfahrungen aufzudecken. Erst nachdem die einschränkenden Überzeugungen aufgehoben worden waren, konnte er Zugang zu seinen Erfahrungen finden. Mit anderen Worten: Überzeugungen können ebenfalls verhindern, daß diese Methode angewendet werden kann. Da es dem Klienten sehr wichtig war, Zugang zu seinen Erfahrungen zu gewinnen, war es natürlich nötig, diese behindernden Glaubenssätze aufzuheben.

Es kann auch vorkommen, daß für das zu bearbeitende Problem innerlich noch keine entwickelte Wissensstruktur vorliegt. Dann kann natürlich auch die Methode, die hier gerade vorgestellt worden ist, nicht verwendet werden.

Sicherlich ist Euch deutlich geworden, daß die vorgestellte Methode einen Bezug zur „Change History-Technik" hat. Wie bei der Change History-Technik wird auch hier angenommen, daß vergangenes Erleben unsere gegenwärtige Erfahrung bestimmt. Die verwendete Methode ermöglicht es, die Szenenfolge aufzudecken, die die Grundlage des gegenwärtigen, belastenden Erlebens darstellt. Im Unterschied zur Change History-Technik werden belastende Gefühle jedoch nicht als Orientierung benutzt, um die vergangenen Szenen zu identifizieren, die das problematische Erleben begründen. Wie bei der Change History-Technik sind allerdings die Ressourcen zu ermitteln, die geeignet sind, eine positive Veränderung zu bewirken. Die positive Umstrukturierung des problematischen Erlebens kann ebenfalls wie bei der Chance History-Technik herbeigeführt werden.

Zusammenfassung der Technik „Dahinter schauen"

1. Identifiziere eine Problemsituation.
2. Dissoziiere Dich von dem Geschehen. Betrachte das Ereignis aus der Sicht eines unbeteiligten Beobachters. Sieh Dir die Szene so an, daß Du darin eine Hauptrolle spielst.
3. Schiebe die Szene zur Seite, damit die dahinter befindliche zum Vorschein kommen kann.
4. Schau Dir die neue Szene aufmerksam an und schiebe dann auch diese Szene zur Seite, damit die dahinterliegende hervorkommen kann.
5. Wiederhole diesen Vorgang sooft wie nötig, bis Du an den Anfang der Szenenfolge gelangt bist.
6. Analysiere die Anfangsszene und ermittle die Ressourcen, die nötig sind, um diese Szene positiv umzustrukturieren.
7. Bringe die Ressourcen vermittels geeigneter Technik, z.B. NLP-Technik, in die Anfangsszene ein.
8. Danach schiebe die aufgedeckten Szenen einschließlich der identifizierten Problemsituation der Reihe nach vor die positiv umstrukturierte Anfangsszene und registriere die positive Veränderung.

2.
Die Hierarchie der Emotionen

Das Konzept der Emotionshierarchien ist für die hier vorgestellten therapeutischen Techniken ein weiterer wichtiger Stützpfeiler. Bevor wir uns jedoch diesen Hierarchien zuwenden, ist es notwendig, anhand der Entwicklung von Sprachfähigkeit und Wortbedeutung darzustellen, wie Sprache die Gegenstände unserer Welt erfaßt.

2.1 Sprache als Kommunikationssystem

Die Sprache entstand aus der Notwendigkeit, die Situation, in der man sich befand, zu bezeichnen. Dabei war die Sprache zuerst mit Gesten und Lauten verbunden. Der unartikulierte Laut konnte Unterschiedliches bedeuten. Erst allmählich wurde die Sprache das Mittel, mit dem man, über die sinnliche Erfahrung hinausgehend, Tatbestände bestimmen und verallgemeinern konnte. Sie wurde ein System zur Übermittlung beliebiger Informationen: zur Bezeichnung von Gegenständen, Merkmalen, Sachverhalten, Handlungen oder Relationen zwischen Tatbeständen. Die „Sprache der Tiere" verfügt nicht über diese Möglichkeiten. Sie bringt nur einen Zustand oder das Erleben der Tiere zum Ausdruck. Sie transportiert keine objektive Information, sondern überträgt die augenblickliche Erfahrung, das momentane Erleben des Tieres. Die „Sprache der Tiere" ist nicht in der Lage, Objekte, Eigenschaften und Merkmale von Realitätsbereichen zu bezeichnen. Sie verfügt nicht über das Wort als Träger von bestimmten Bedeutungen. Worte sind die grundlegenden Elemente der menschlichen Sprache. Sie codieren unsere Erfahrungen.

Es ist anzunehmen, daß das Wort als Zeichen, das einen Sachverhalt bezeichnet, in der gegenständlichen praktischen Tätigkeit entstand, sich im menschlichen Verkehr entwickelte. Es war wahrscheinlich direkt mit der Praxis verflochten, von der Praxis getrennt konnte es anfangs nicht existieren. Die Bedeutung eines Wortes war abhängig von der Situation, in der es geäußert wurde. Es hatte deshalb ursprünglich wohl nur eine instabile Bedeutung. Es wurde in der jeweiligen Situation wahrscheinlich nur aus der momentan auf den Gegenstand gerichteten und mit ihm verbundenen Handlung, durch Gestik und Intonation verständlich.

Anthropologische Beobachtungen stützen diese Vorstellung. Die Sprachen vieler sogenannter Naturvölker sind sehr kontext- und gestenabhängig. Die Worte erhalten nur aus dem Wissen um die Situation, aus der Wahrnehmung der wortbegleitenden Gesten und Intonation ihre bestimmte Bedeutung. Insbesondere natürlich dann, wenn eine Geste dazu dienen soll, eine Mitteilung zu präzisieren.

Rückblickend kann gesagt werden, daß die Geschichte der Sprache die Geschichte der Loslösung der Worte von der Gegenständlichkeit und von der konkreten Situation ist. Die Sprache hat sich im Laufe der Zeit zu einem eigenständigen Zeichensystem entwickelt. Wir können miteinander reden und uns miteinander verständigen, ohne die Situation im einzelnen zu kennen. Dies wird zum Beispiel besonders deutlich beim Lesen eines Briefes: Wir haben keinen direkten Bezug zum Verfasser, man kennt die Situation nicht, in der der Brief geschrieben wurde, man nimmt keine Gesten wahr, und es gibt auch keine Intonation. Dennoch wird der Sinn des Geschriebenen im wesentlichen verständlich.

2.2 Sprache des Kindes

Der Weg der allmählichen Loslösung der Sprache aus der praktischen Situation zu einem eigenständigen Codesystem wird auch in der Ontogenese beschritten. Dabei scheint es, als beginne die Sprache des

Kleinkindes mit dem Lallen. Das ist jedoch nicht korrekt. Das „Lallen" bringt den kindlichen Zustand zum Ausdruck, Sachverhalte werden damit nicht bezeichnet. Tatsächlich ist es so, daß die Laute, die beim „Lallen" auftreten, später in der Sprache des Kindes nicht fixiert werden. Die das „Lallen" konstituierenden Laute müssen später sogar gehemmt werden, damit das Kind die Laute ausarbeiten kann, die zum Sprachsystem gehören. Die ersten Worte, die das Kind äußert, werden nicht aus den Lauten des „Lallens" gebildet, sondern aus jenen Sprachlauten, die das Kind der Sprache des Erwachsenen entnimmt. Der Beginn der wirklichen Sprache des Kindes und die Entstehung der ersten Worte ist mit den Handlungen des Kindes, mit dem, was es tut, verbunden und hängt von seinem Kontakt mit den Erwachsenen ab. Die ersten Worte sind im Gegensatz zum „Lallen" nicht auf seinen Zustand, sondern auf Gegenstände gerichtet und bezeichnen sie. Sie sind allerdings eng mit der konkreten Situation des Kindes verbunden. Wenn ein Kind „brr" sagt, während es mit seinem Spielzeug spielt, so kann sich „brr" sowohl auf das Pferd beziehen als auch „halt" bedeuten, je nachdem, in welcher Situation (in diesem Fall Spielsituation) und mit welcher Intonation es geäußert wird und welche Geste es begleitet. Im weiteren Entwicklungsprozeß löst sich das Wort aus der Situation und vom Tun des Kindes. Allmählich erlangt es Selbständigkeit. Worte hören auf, eine Situation zu bezeichnen, und werden unabhängig vom situativen Kontext. Das Wort nimmt differenzierte Formen an. Der Wortschatz wird größer, und die Wortbedeutung wird enger. Überwogen bislang die amorphen Wörter, die nahezu Beliebiges bezeichnen konnten, und genügten dem Kind wenige Worte, die je nach Situation, Gestik und Intonation unterschiedliche Bedeutung hatten, so beginnt das Kind jetzt, sich solche Worte anzueignen, die nicht nur einen Gegenstand, sondern auch eine Eigenschaft, Handlung oder eine Relation zwischen Sachverhalten erfassen. Belief sich bis zur Mitte des ersten Lebensjahres die Zahl der Worte auf bis zu fünfzehn, so steigt der Wortschatz in der zweiten Hälfte des zweiten Lebensjahres auf ca. 200.

Beim Kind von drei bis vier Jahren ist die unmittelbare Bedeutung des Wortes, das heißt seine Gegenstandsbezogenheit, schon recht stabil. „Hund" bezeichnet etwas anderes als „Elefant" und „Maus" einen anderen Sachverhalt als „Kaninchen". Wie aber entwickelt sich die Gegenstandsbezogenheit der Worte bei einem Kind? Es ist wohl nicht davon auszugehen, daß ein Kind die Worte der Mutter von Beginn an eindeutig versteht. Die unmittelbare Gegenstandsbezogenheit, die unmittelbare Bedeutung der Worte entwickelt sich erst nach und nach. Anfänglich begreift das Kind Worte in Abhängigkeit von Situationskomponenten. Auf einer früheren Entwicklungsstufe sind die Worte für das Kind amorph. Die unmittelbare Bedeutung eines Wortes wird davon bestimmt, in welcher Situation die Wortäußerung erfolgt, mit welcher Geste und mit welcher Stimmlage gesprochen wird und wessen Stimme das Kind wahrnimmt und in welcher Situation es sich selbst befindet.

Einem Kind wurde ein bestimmter Gegenstand genannt. Die Aufgabe bestand darin herauszufinden, welche Bedingungen zu erfüllen sind, damit das Kind die unmittelbare Wortbedeutung versteht und sie mit dem betreffenden Gegenstand verbindet. Dabei ergab sich, daß ein sieben Monate altes Kind die Wortbedeutung nur dann verinnerlicht, wenn das Wort von einer bestimmten Person, z.B. der Mutter, geäußert wird, wenn die Äußerung von einer bestimmten Geste begleitet wird und mit einer bestimmten Intonation erfolgt. Bemerkenswerterweise eignet sich ein Kind die Gegenstandsbezogenheit von Worten vor allem dann an, wenn es sich in einer bestimmten Haltung befindet, z.B. im Sitzen. Waren die Situationskomponenten vorhanden, dann blickte das Kind auf den Gegenstand und streckte die Hand danach aus. Fehlte eine der Situationskomponenten, dann blieb die Reaktion aus. Wurde das Kind beispielsweise aus dem Sitzen in eine andere Lage gebracht und etwa hingelegt, so verlor das Wort seine Bedeutung, und das Kind reagierte nicht.

Auf der nächsten Entwicklungsstufe ist die Wahrnehmungsperspektive des Kindes für das Verständnis der unmittelbaren Wortbedeutung belanglos. Von Belang in den Versuchen war hingegen, wer das Wort sagte, welche Geste das Wort unterstrich und in welcher Stimmlage gesprochen wurde. Sagte die Mutter z.B. „Hund", so antwortete das Kind mit einem Blick auf den Hund. Sagte der Vater „Hund", so beachtete das Kind die Äußerung des Erwachsenen nicht.

In einem weiteren Versuch wurde ein zweijähriges Kind auf französisch gefragt: „Ou est la fenètre? (Wo ist das Fenster?)" Daraufhin wandte sich das Kind dem Fenster zu, obwohl es die Frage rein sprachlich nicht verstehen konnte. Doch Kontext, Stimmlage und Intonation waren gegenüber der deutschen „Version" gleich geblieben und so konnte das Kind die französische Frage „verstehen".

Auf einer höheren Entwicklungsstufe ist die das Wort aussprechende Person für das Verständnis bedeutungslos. Entscheidend für das Verständnis der Wortbedeutung ist, daß die Äußerung von einer kennzeichnenden Geste begleitet wird oder mit einer bestimmten, hauptsächlich spielbezogenen Situation verknüpft ist. Die Wahrnehmung der Wortbedeutung unterbleibt, wenn das Kind keine wortbegleitende Geste oder Handlung registriert.

Erst gegen Ende des zweiten Lebensjahres ist ein Kind in der Lage, sich bei einer Wortäußerung gezielt auf den erwähnten Sachverhalt zu beziehen. Ob ein Wort mit einer hinweisenden Geste oder Handlung vermittelt wird, ist für das Verständnis der Wortbedeutung unwichtig. Das Wort hat allerdings nur eine relativ stabile Gegenstandsbezogenheit erreicht. Einem Kind, das über einen entsprechenden Wortschatz verfügte, wurde gesagt: „Bring die Tasse!", „Bring den Teddy!" Das Kind entsprach der Aufforderung und brachte die erwähnten Gegenstände. Es erfaßte die unmittelbare Wortbedeutung problemlos. Danach wurden der Teddy und die Tasse aus der Menge der vor dem Kind ausgebreiteten Gegenstände entfernt und statt dessen Gegenstände hinzugefügt, die zum Teil Merkmale der beiden Objekte „Teddy" und „Tasse" aufwiesen. Der Bitte „bring den Teddy" kam das Kind nach, indem es einen Plüschhandschuh brachte. Der Aufforderung: „Bring das Vögelchen!" entsprach das Kind, indem es eine Porzellankugel holte, die einen scharfen

Vorsprung in der Form eines Vogelschnabels besaß. Dies zeigt, daß auf dieser Entwicklungsstufe Worte für ein Kind noch keine feste, stabile Bedeutung besitzen. Das Wort bezeichnet ein Gegenstandsmerkmal und nicht den Gegenstand selbst. Auch wenn es so scheint, als gäbe es eine stabile Gegenstandsbezogenheit für die verwendeten Worte, sind sie lange mit den praktischen Handlungen verwoben und bezeichnen nicht den Gegenstand, sondern eines seiner Merkmale.

Erst im weiteren Verlauf der kindlichen Entwicklung gewinnen die Worte ihre stabile Bedeutung, ihre feste Gegenstandsbezogenheit. Ein dreijähriges Kind kann eine Katze von einer Maus unterscheiden. Es weiß sehr genau, was eine Tasse ist und was ein Löffel und verwechselt das eine nicht mit dem anderen. Diese Worte weisen für das Kind dieselbe Gegenstandsbezogenheit auf wie für den Zehnjährigen oder einen Erwachsenen. Das besagt allerdings nicht, daß die Worte für alle die gleiche Bedeutung haben. Die Gegenstandsbezogenheit kann für alle ein und dasselbe sein, während sich die Wortbedeutung je nach persönlichem Entwicklungsabschnitt ändert. Das Wort „Kaufhaus" bezieht sich für ein Kind auf einen bestimmten Sachverhalt. Es gibt eine eindeutige Gegenstandsbezogenheit, die im Gegensatz zur Wortbedeutung relativ stabil ist. Die Bedeutung ändert sich mit der Entwicklung des Kindes. In der frühen Kindheit ist das „Kaufhaus" ein Ort, von dem man Schokolade oder Kuchen mitbringt oder bekommt und wo man Rolltreppe fahren kann. Mit dem Wort „Kaufhaus" sind affektive Erlebnisse verbunden. Eine allgemeine Wortbedeutung fehlt.

Für einen jüngeren Schüler ist das „Kaufhaus" ein Ort, an dem Waschmittel und anderes eingekauft werden kann. Es ist ein konkreter Ort, es ist das Kaufhaus an der Ecke oder in der Nebenstraße. Das Wort „Kaufhaus" verliert seinen emotionalen Wert. Die affektive Bedeutung tritt zurück, und in den Vordergrund tritt das anschauliche Bild des Kaufhauses von nebenan und seine Funktion.

Obwohl die Gegenstandsbezogenheit unverändert bleibt, hat das Wort „Kaufhaus" für den Kaufhausdirektor eine ganz andere Bedeutung als für das Kleinkind oder den Schüler. Mit dem Wort „Kaufhaus" ist ein Begriffskomplex verbunden, der sich z.B. auf wirtschaftliche Sachverhalte beziehen kann. Unter Wahrung ein und derselben Gegenstandsbezogenheit entfaltet das Wort also einen anderen Sinn, entwickelt es die unterschiedlichsten Bedeutungen. Die sich hinter den Worten befindenden Zusammenhänge und Verallgemeinerungen ändern sich.

Mit der Veränderung der Wortbedeutung wandeln sich ebenfalls die psychischen Prozesse, die sich „hinter dem Wort" befinden. Für ein Kleinkind ist ein Hund etwas Schreckliches, wenn es schon einmal von einem gebissen wurde. Ein Hund ist für ein Kind etwas Angenehmes, wenn es zusammen mit einem Hund aufwächst. Das Wort „Hund" erhält eine emotionale Bedeutung, einen affektiven Sinn. Darin manifestiert sich der Inhalt des Wortes. Auf der nächsten Entwicklungsstufe des Kindes verbinden sich mit dem Wort „Hund" konkrete anschauliche Erfahrungen. Man kann einen Hund streicheln und füttern. Ein Hund bellt und beschützt einen vor Einbrechern. Ein Hund liebt große Knochen und kann beißen. Hinter dem Wort „Hund" verstecken sich anschauliche Bilder und Ereignisse, emotional bedeutsame und weniger bedeutsame. Für den Studenten der Tiermedizin ist der Hund ein Lebewesen, mit dem unterschiedlichste Begriffe assoziiert sind. Die Wortbedeutung speist sich aus einem Netz von Begriffen. Situative und praktische Bezüge treten zurück. Logische Zusammenhänge treten in den Vordergrund. Die sich mit dem Wort verbindenden logischen Verknüpfungen und abstrakten Begriffe ergeben für den Wissenschaftler den wesentlichen Inhalt des Wortes. Dabei bleiben allerdings auch auf dieser Entwicklungsstufe die Sachverhalte, die frühere Entwicklungsphasen charakterisieren, z.B. die affektiv getönten Erlebnisse, in verborgener Form erhalten.

Die Sprache gibt uns je nach Entwicklungsstand einen anderen Handlungsspielraum. Das ist es, was wir durch die Sprache gewinnen. Mit Hilfe der Sprache produzieren wir unterschiedliche Abbilder der Realität, die wir anderen vermitteln können, an denen wir uns orientieren und mit denen wir manipulieren können.

2.3 Sprache in unterschiedlichen Wirklichkeiten

Während Tiere in einer Welt der sinnlich wahrnehmbaren Sachverhalte und Prozesse existieren, leben Menschen in einer zweifachen Welt. Zum einen existiert natürlich die gegenständliche, sinnlich wahrzunehmende Realität, zum anderen gibt es für uns auch die Welt, die mit Hilfe der Sprache gebildet wird. Wir leben also in unterschiedlichen Wirklichkeiten. Da sind die Dinge, die man unmittelbar erkennen und mit denen man ganz praktisch umgehen kann. Und da ist die Sprache, die Tatbestände bezeichnet und es erlaubt, sogar mit diesen Tatbeständen umzugehen, wenn man sie nicht direkt zur Verfügung hat. Das ist die Welt der Abbilder, der Gegenstände, der Eigenschaften und Beziehungen und Abstraktionen, die durch Worte erfaßt und dargestellt wird. Wir können mit Hilfe von Worten mit den Dingen gedanklich spielen, die nicht vorhanden sind. Wir können geistige Operationen vornehmen.

Die Verdoppelung der Wirklichkeit durch die Sprache gewährleistet darüber hinaus, daß wir uns Erfahrungen aneignen können, die andere gemacht haben. Tiere können ihr Verhalten nur durch die Nutzung genetisch fixierter Erfahrungen, durch Instinkte und durch den Erwerb neuer Verhaltensweisen auf Grundlage der eigenen Erfahrung organisieren. Wir brauchen uns nicht auf das persönliche Erleben zu beziehen. Es ist eine alltägliche Erfahrung, daß wir neue Erfahrungen zum Teil von anderen übernehmen, indem wir die Sprache als Informationsquelle nutzen. Das geschieht beim Zeitunglesen oder Fernsehen ebenso wie in der Schule und Universität. Die Sprache ist eine besondere Form der Widerspiegelung von Wirklichkeit. Wir können die Abbilder der Realität jederzeit hervorrufen. Wir sind gleichsam von der sinnlich erfahrbaren Welt abgehoben, gleichsam unabhängig von ihrem Vorhandensein. Wir können in diese, nur uns zugängliche zweite Welt willkürlich eintauchen und eingreifen. Wir können dadurch unsere Vorstellungen, unsere Wahrnehmungen, unsere Erinnerungen, unsere Handlungen und unser Denken regulieren und manipulieren. Dabei sind die Worte keine „Etikette", die die einzelnen Gegenstände, die einzelne Handlung usw. bezeichnen. Die Bedeutungsstruktur eines Wortes ist komplizierter. Worte haben nicht nur *eine* gegenstandsbezogene Bedeutung. Denn da die Anzahl der in unserem Bewußtsein widergespiegelten Gegenstände und Erscheinungen der Welt unendlich groß ist, die Anzahl der Worte aber, die diese Sachverhalte bezeichnen, weitaus kleiner ist, muß ein und dasselbe Wort mehrere Gegenstände bezeichnen, also mehrdeutig sein können. Und tatsächlich können Worte völlig unterschiedliche, sogar gegensätzliche Sachverhalte benennen. So kann bekanntlich das Wort „Schloß" entweder ein repräsentatives Gebäude bezeichnen oder einen Mechanismus zur Türverriegelung. Das Wort „Laufen" kann auf eine Fortbewegungsart verweisen oder das ständige Fließen des Wassers aus einem Wasserhahn bezeichnen. In der englischen Sprache ist die Mehrdeutigkeit noch ausgeprägter. „To go" kann „gehen", „fahren", „beginnen" bezeichnen. „To run" kann „laufen", „eine Rolle spielen" usw. heißen. Die Mehrdeutigkeit der Worte ist die Regel. Es gibt niemals nur eine fixe Wortbedeutung. Die exakte Gegenstandsbezogenheit eines Wortes ist nichts anderes als die Auswahl einer Bedeutung aus einer Reihe von möglichen Bedeutungen. Die Einschränkung auf eine Wortbedeutung geschieht dabei normalerweise durch den Kontext, in den das Wort eingebettet ist, durch seine Verknüpfung mit einem konkreten Geschehen.

2.4 Bedeutungen eines Wortes

Worte verfügen allerdings nicht nur über denotative, d.h. sachliche Bedeutungen. Für das Wort „Mond" wäre die denotative Bedeutung „der die Erde umwandernde Himmelskörper, der durch das von ihm reflektierte Sonnenlicht die Nacht erhellt". Neben der denotativen Bedeutung gibt es die konnotative Wortbedeutung. Das ist das, was mit anklingt, wenn man das Wort „Mond" hört: Liebe, Sehnsucht, Nacht, Sternenhimmel, Winter. Konnotation ist alles, was mitgedacht wird, wenn ich das Wort „Mond“ ausspreche, das, was ich mit dem Mond assoziiere, was ich erlebt habe und was man typischerweise damit assoziiert. Vereinfacht gesagt ist die Konnotation die gefühlshafte Bedeutung eines Wortes, die gegebenenfalls die denotative, die sachliche Bedeutung überlagern kann. In der konnotativen Bedeutung sind vor allem die individuellen Erfahrungen repräsentiert, die affektive Zustände widerspiegeln.

Worte sind Knotenpunkte für ein Geflecht von Bedeutungen. Es wird aktiviert, sobald ein Wort wahrgenommen wird. Dabei bleibt anzumerken, daß demjenigen, der das Wort hört, nicht das gesamte Netz assoziierter Bedeutung bewußt sein kann. Diese Komplexe von miteinander verbundenen Bedeutungen, die unwillkürlich beim Wahrnehmen eines Wortes auftauchen, bilden ein semantisches Feld, ein Feld von Bedeutungen, ein Sinnfeld. Man kann die Bedeutungsfelder von Worten untersuchen und deren Komponenten bestimmen. Psycho-physiologische Methoden sind am besten geeignet, die Dynamik semantischer Felder aufzudecken. Beispielsweise wurde das Testwort „Katze“ mit einem Schmerzreiz verknüpft. Nach mehreren Verstärkungen entwickelten die Versuchspersonen bei Vorgabe des Wortes wie bei einem Schmerzreiz Gefäßverengungen in Kopf und Hand. Den Probanden wurden Worte angeboten, die a) keinerlei inhaltliche Beziehung zum Testwort aufwiesen, b) eine lautliche Ähnlichkeit mit dem Testwort besaßen, c) Worte, die einen sinnhaften Bezug zum Testwort „Katze“ hatten, und zwar entweder einen situativen, wie z.B. Maus oder Milch, oder einen kategorialen, wie Tier oder Lebewesen. Der Versuch ergab, daß Worte mit lautlicher Ähnlichkeit ebenso wie neutrale Worte keine Gefäßreaktion hervorriefen. Worte, die jedoch bei einem Situationsbezug einen Bedeutungszusammenhang mit dem Testwort herstellten („Hund“, „Maus“), lösten eine sehr deutliche Gefäßverengung in Kopf und Hand aus. Worte, die in einem kategorialen Verhältnis zum Wort „Katze“ standen, wie z.B. „Tier“, „Lebewesen“, führten nur eine Orientierungsreaktion der Gefäße herbei, d.h. zur Gefäßverengung in den Fingern und zur Gefäßerweiterung im Kopf.

Man kann also die Komponenten des semantischen Feldes objektiv erfassen. Das semantische Feld verfügt über einen Kern und eine Peripherie. Der semantische Kern wird von Worten gebildet, die situative Bezüge zum Testwort aufweisen. Die semantische Peripherie bilden Worte, die in einem kategorialen Verhältnis zum Testwort stehen. Das semantische Feld eines Wortes entspricht in seiner Struktur vermutlich einem „*m*emory-*o*rganisation-*p*ackage". Das „mop" ist eine Gedächtniseinheit, in der Ereigniswissen organisiert ist. Es umfaßt einen Komplex von Geschehnissen, die sich um eine zentrale Szene gruppieren, deren Bedeutung das Wesen der Episode ausmacht, die durch das „mop" organisiert werden. Wenn wir beispielsweise mit jemandem über „Freude" sprechen, aktualisiert sich unwillkürlich das Bedeutungsfeld des geäußerten Emotionswortes. Das Zentrum des Bedeutungskomplexes wird dabei von einer Ereignisform gebildet, in der sich die Emotion „Freude" in charakteristischer Weise konstituiert. Um dieses Zentrum herum gruppieren sich Geschehnisse, die das Wesen dieser Emotion mehr oder minder ausgeprägt realisieren.

2.5 Die Hierarchie der Emotionen

Betrachtet man die Worte, die sich auf Emotionen beziehen, so läßt sich feststellen, daß sich Emotionen nach Emotionstypen gruppieren lassen. Ein Emotionstyp umfaßt eine Gruppe von Emotionen, die mindestens ein zentrales Merkmal gemeinsamen haben, die aber bezüglich ihrer Intensität differieren. So bezeichnet „Panik" einen intensiveren emotionalen Zustand als „Sorge" und „Angst". Diese drei Emotionen sind den „Erwartungsemotionen" zuzuordnen. Konstitutives Merkmal dieses Emotionstyps ist die aktive Erwartung eines in diesem Fall unerwünschten Ereignisses. Die Unzufriedenheit mit dem erwarteten unerwünschten Ereignis kann sich von der Befürchtung zur Angst und von der Angst zur Panik steigern. Zu den „Wohlergehensemotionen" gehören Freude,

Begeisterung und Euphorie. Das typspezifizierende Merkmal für diesen Emotionstyp ist die Zufriedenheit mit einem erwünschten Ereignis. Die Zufriedenheit mit dem erwünschten Ereignis kann die Freude zur Begeisterung werden lassen und die Begeisterung zur Euphorie steigern. Die zu einem Emotionstyp gehörenden Emotionen können Hierarchien bilden.

Die Frage, wie Emotionshierarchien im Gedächtnis repräsentiert werden, kann in folgender Weise beantwortet werden: Da wir annehmen, daß Emotionen sich in Ereignissen konstituieren, kann sich eine Emotionshierarchie in einer Ereignishierarchie realisieren. Wenn man sich weiterhin auf die Annahmen der Triplecodierungstheorie (s. S. 21) zur visuellen Wissensrepräsentation bezieht, dann können im Gedächtnis Ereignisse, die sich in hierarchischen Verhältnissen zueinander befinden, in Hierarchien räumlicher Bilder gespeichert werden. Mit anderen Worten: Emotionshierarchien werden in Hierarchien räumlicher Bilder repräsentiert. In den nachfolgenden Therapieprotokollen wird gezeigt, wie insbesondere diese Überlegungen therapeutisch genutzt werden können.

2.6 Therapieprotokolle

2.6.1 Die erste Technik: „Emotionshierarchie I"

KLIENTIN: Ich habe seit einiger Zeit fast jeden Tag Ärger mit einem Schüler. Die Auseinandersetzungen mit ihm strengen mich sehr an und bedrücken mich. Ich weiß nicht, was ich machen soll, um den Konflikt mit ihm zu lösen. Ich kann mich ihm gegenüber nicht durchsetzen. Ich fühle mich hilflos, und das möchte ich natürlich ändern.

ECKARD: Dann erinnere Dich bitte einmal an eine typische Konfliktsituation mit diesem Schüler.

Klientin: Ich hab eine. Ich stehe in der Klasse und schreie den Schüler an. Er hat wieder eine Mitschülerin geärgert und sie auch wieder von der Arbeit abgehalten. Er kümmert sich nicht darum, was ich tue, was ich sage. Statt dessen setzt er sich auf die Fensterbank, um von dort aus durch das geöffnete Fenster auf den Rasen zu gehen und sich dort hinzulegen, wie er es schon öfter gemacht hat. Sein Verhalten mir gegenüber ist einfach unverschämt.

ECKARD: Wie nimmst Du die Situation wahr? Siehst Du Dich dort in der Klasse?

KLIENTIN: Nein. Ich seh mich nicht. Ich kann nur ihn sehen und wie unverschämt er sich mir gegenüber verhält.

ECKARD: Ich möchte Dich um folgendes bitten: Setz Dich bitte so bequem wie möglich hin und dann sieh Dir noch einmal die Konfliktsituation an. Schau sie Dir – soweit es möglich ist – in aller Ruhe an.

KLIENTIN: In aller Ruhe mir die Situation anzuschauen, das kann ich nicht und das will ich auch gar nicht. Und was soll ich jetzt machen?

ECKARD: Kannst Du mir bitte die Frage beantworten, wie groß ist das Format dieser Erinnerung? Laß Dir Zeit, es herauszufinden.

KLIENTIN: Das Format ist ziemlich groß. Auf jeden Fall ist es nicht so groß wie der Raum um mich herum hier.

ECKARD: Dann tu bitte jetzt folgendes: Nachdem Du Dir die Konfliktsituation angeschaut hast, heb die Augen ein kleines Stückchen über die wahrgenommene Situation hinweg und warte dann einfach ab. Laß Dich davon überraschen, was Dir einfallen wird.

KLIENTIN: (Pause) Mir ist ganz plötzlich eine Situation eingefallen, an die ich schon öfter gedacht habe, und zwar ist das eine Situation, in der ich einerseits Verständnis für einen Schüler aufbringe, andererseits jedoch das tue, was ich tun muß. Ich fühlte mich damals hin- und hergerissen zwischen dem, was ich zu tun hatte, und dem Verständnis für den Schüler. Wenn ich in solch eine Situation gerate, fühle ich mich wirklich schlecht. Ich befinde mich dann in einem Rollenkonflikt.

ECKARD: Vergegenwärtige Dir die Situation, die Dir gerade eingefallen ist, noch einmal, und dann heb wieder den Blick ein Stückchen über die Szene hinweg und warte auf das, was Dir als nächstes einfallen kann.

KLIENTIN: Da ist ein Feuer, das langsam erlischt. Und ich habe ein Gefühl der Resignation.

ECKARD: Schau Dir auch diese Szene in Ruhe an, und nachdem Du das getan hast, heb bitte wieder den Blick über die Situation hinweg und achte einfach in Ruhe darauf, was Dir als nächstes vor Augen kommt.

KLIENTIN: Ich sehe jetzt ein Häufchen Asche.

ECKARD: Und wenn Du den Blick ein wenig über diese Szene hinweg hebst, was kann Dir dann einfallen?

KLIENTIN: Jetzt ist da eine andere Situation. Die Asche wird vom Wind weggetrieben, und die Glut kommt hervor. Ich fühle mich erleichtert. Das ist ein gutes Gefühl.

ECKARD: Verdeutliche Dir auch diese Szene, und hebe dann wieder Deinen Blick etwas über die Szene und warte neugierig darauf, was Dir als nächstes bewußt wird.

KLIENTIN: Ich sehe einen Vogel, der über die Glut hinweg fliegt, und ich fühle mich zuversichtlich. Und ich habe ein Gefühl der Kraft.

ECKARD: Das freut mich! Und nun heb den Blick wieder über die gerade deutlich gewordene Szene hinweg, und achte darauf, was Dir in den Sinn kommt.

KLIENTIN: Ich sehe den Himmel über mir, die Sonne und weiße Wolken, die sich langsam und ruhig bewegen.

ECKARD: Was für ein Gefühl gibt Dir diese Situation, wenn Du Dich darauf einläßt?

KLIENTIN: Ich fühle mich frei. Ich bin heiter und unbeschwert.

ECKARD: Und wie ist das, wenn Du heiter und unbeschwert bist?

KLIENTIN: Wenn ich heiter und unbeschwert bin, dann gelingt mir alles, was ich will. Ich bin im Einklang mit mir selbst. Ich habe da Zugang zu all den Möglichkeiten, die mir wichtig sind in dem Moment. Und ich bin selbstverständlich auf das konzentriert, was ich erreichen will. Wenn sich etwas mir in den Weg stellt, dann ist es für mich eine Herausforderung, der ich sehr gern genüge und an der ich Spaß habe.

ECKARD: Du bist dann sozusagen unwiderstehlich, nicht wahr?

KLIENTIN: (lacht) Das stimmt.

ECKARD: Das ist ja ein ziemlicher Unterschied zwischen dem Beginn, nämlich dem Gefühl der Hilflosigkeit, und dem Gefühl, mit sich im Einklang zu sein, heiter und unbeschwert zu sein und sich frei zu fühlen und Zugriff auf alle die Möglichkeiten zu haben, die Dir wichtig sind. Das ist nicht nur ein enormer Unterschied bezüglich der Gefühle und Einstellungen usw., das ist insofern auch ein enormer Unterschied, als daß die Situation mit dem Schüler, die Situation Deiner Hilflosigkeit, sich auf Augenhöhe für Dich befindet und die Situation blauer Himmel, ruhig ziehende weiße Wolken, sich über Dir befindet. Die Positionen der beiden Situationen unterscheiden sich sehr stark voneinander. Jetzt möchte ich Dich um folgendes bitten: Symbolisiere bitte das, was Du in der Situation da über Dir an Ressourcen hast, alle die positiven Gedanken, Gefühle und Einstellungen usw. in irgendeiner Weise, entweder als Licht oder als farbige Energie, als Farbpalette, als Ton oder Melodie, als Wärme oder was auch immer. Versinnbildliche es bitte in einer Weise, die dem Ganzen angemessen ist, und laß Dir dazu bitte die Zeit, die Du brauchst.

KLIENTIN: Spontan fällt mir ein warmes Gelb ein, und dazu gehört auch ein Lachen.

ECKARD: Ist es Dein Lachen?

KLIENTIN: Ja.

ECKARD: Dann mache bitte jetzt folgendes: Laß bitte das warme Gelb, zu dem Dein Lachen gehört, in die Situation hineinströmen, in der der Vogel über die Glut hinweg fliegt. Was geschieht dann?

KLIENTIN: Die Situation ändert sich. Die Sonne scheint, es ist ein schöner Tag, und auf einem Feld brennt ein Feuer, und im Wasser eines Sees spiegelt sich die Sonne.

ECKARD: Und jetzt laß bitte das warme Gelb, zu dem Dein Lachen gehört, in die darunterliegende Szene hineinfließen. Was passiert dann?

KLIENTIN: Die Situation ändert sich ebenfalls. Jetzt habe ich das Bild eines Vulkans vor mir, in dem die Lava brodelt.

ECKARD: Und wie fühlst Du Dich dabei?

KLIENTIN: Gut.

ECKARD: Wende Dich bitte jetzt der nächsten Szene zu, und laß das warme Gelb, zu dem Dein Lachen gehört, in die Szene hineinströmen.

KLIENTIN: Jetzt ist das Häufchen Asche verschwunden, es taucht statt dessen eine Erinnerung auf. In meiner Kindheit wurden im Herbst auf den Feldern Feuer entzündet, um all das zu verbrennen, was da herumlag. Ich sehe mich mit anderen an einem solchen Feuer sitzen und eine Kartoffel garen und höre mich auch lachen.

ECKARD: Und jetzt laß bitte das warme Gelb in die nächste Szene hineinfließen, und was geschieht dann?

KLIENTIN: Das erlöschende Feuer belebt sich und wird zu einem großen, ruhigen Feuer, wie ein Osterfeuer. Ich höre das Holz in den Flammen knistern und knacken. (Pause) Ich habe das warme Gelb mit meinem Lachen gerade in die Situation hineingegeben, in der ich mich mit dem Schüler zwiespältig erlebt habe, und jetzt sind zwei Erinnerungen aufgetaucht. Zwei Bilder, die sich nebeneinander befinden. Das eine Bild ist eine Erinnerung an meine Schulzeit, da mache ich irgendeinen Unsinn; und das andere Bild zeigt mich als Lehrerin, die daran Spaß hat, Schülern etwas Nützliches beizubringen.

ECKARD: Dann bring bitte jetzt das warme Gelb mit dem Lachen in die Ausgangssituation hinein.

KLIENTIN: Auch diese Szene ändert sich. Ich bin dem Schüler gegenüber alles andere als hilflos. Ich bin souverän und verhalte mich auch so. Selbstverständlich bitte ich den Schüler, das Fenster zu schließen, und er tut es. Jetzt wird mir klar, daß mein unsicheres Verhalten ihn zu seinem Verhalten provoziert hat.

ECKARD: Und jetzt denk bitte an die Zeit, bevor Du Dich zum Nachmittagsschlaf hinlegst und nachdem Du Deinen Mittagsschlaf beendet hast. Ist alles beim alten? Oder hat sich für Dich etwas geändert?

KLIENTIN: Es hat sich was geändert. Alles ist hell und freundlich geworden. Die Farben sind klar und kräftig, die Konturen deutlich. Mein Gefühl hat sich auch geändert. Ich fühle mich gut. Ich freue mich darauf, mich auszuruhen, und nachdem ich aufgewacht bin, freue ich mich auf eine Tasse Kaffee.

Fragen der Teilnehmer

Albert: So, wie das Ganze abgelaufen ist, scheint es ja leicht zu sein, diese Technik anzuwenden. Ist es Dir schon mal passiert, daß statt einer Ressourceszene eine belastende Erfahrung aktiviert wurde?

ECKARD: Ja, das ist zwar selten, aber es kann passieren. In einem solchen Fall sorge dafür, daß die Person, mit der Du arbeitest, sich von der negativen Erfahrung oder Vorstellung dissoziiert. Ermögliche ihr dann, die Erfahrung in ihrer persönlichen Bedeutung zu würdigen. Laß sie herausfinden, was sie durch diese negative Erfahrung Wichtiges gelernt oder begriffen hat oder gegebenenfalls auch geändert hat. Unterstütze sie gegebenenfalls dabei. Laß sie außerdem mindestens drei Kontexte finden, in denen diese Erfahrung auch zukünftig nützlich und wichtig sein wird. Danach bitte Dein Gegenüber, sich die unangenehme Erfahrung dissoziiert zu vergegenwärtigen, und stelle ihr folgende Frage: „Welche Verhaltensweise, welches Gefühl und Fähigkeit, welche Einstellung und Überzeugung vermißt Du dort in der unangenehmen Situation?" Achte bitte darauf, daß die Antwort Deines Gegenübers positiv formuliert wird und angemessen kontextualisiert ist. Danach bitte Dein Gegenüber, sich die negative Erfahrung noch einmal dissoziiert zu vergegenwärtigen. Dann laß ihn bitte noch einmal die Frage beantworten, und bitte dann Dein Gegenüber, den Blick über die Problemsituation zu heben und darauf zu achten, welche Ressourceszene oder Vorstellung bewußt wird.

Bitte laß Dein Gegenüber dann die in der aufgetauchten Szene enthaltenen Ressourcen versinnbildlichen, zum Beispiel visuell in einer Farbe oder akustisch in einem Ton oder in einer Melodie. Bitte dann Dein Gegenüber, die Ressourcen in angemessener Dosierung in die darunter befindliche Problemsituation einfließen zu lassen und darauf zu achten, wie sich die Problemsituation dann positiv verändert und wie sich diese Änderung positiv auf die anderen Szenen auswirkt. Gegebenenfalls sind die Ressourcen durch alle Situationen hindurchzuleiten.

Wenn sich die Ressourcen nicht in die aufgedeckte Problemsituation einbringen lassen oder sich die positive Veränderung nicht auf die anderen, aufgedeckten Szenen und die Ausgangssituation positiv auswirkt, dann betrachte das bitte als Hinweis dafür, daß die Ökologie der Veränderung zu überprüfen ist.

JAN: Auffällig ist für mich, daß die Klientin zwar vergangene Erfahrungen, hauptsächlich allerdings Geschehnisse mit Symbolcharakter aufgedeckt hat. Ist das typisch für diese Art des Vorgehens?

ECKARD: Der Ausgangspunkt dieser Technik ist normalerweise ein konkretes Ereignis. Der Endpunkt, wenn ich das einmal so sagen darf, ist eher ein umfassenderes Geschehen, das häufig symbolische Gestalt annehmen kann.

Mit der Aufdeckung der Geschehnisse oder Szenen, die der Problemsituation übergeordnet sind, durchläuft man meiner Meinung nach die logischen Ebenen. Ausgangspunkt ist die Verhaltensebene, und man endet auf der Identitätsebene, genauer gesagt, auf der Ebene der positiven Identität.

Ich sagte vorhin, daß auch Szenen auftauchen können, die unangenehme oder belastende Erfahrungen oder Vorstellungen darstellen. Meiner bisherigen Erfahrung nach passiert das hauptsächlich dann, wenn das vom Gegenüber präsentierte Problem auf der Ebene der zentralen Überzeugungen, der Werte oder Identität liegt. Liegt es auf den darunter befindlichen logischen Ebenen, dann passiert es meiner Erfahrung nach nicht. Allerdings können sich innere Einwände darin äußern, daß Szenen verzerrt oder teilweise geändert werden. Zum Beispiel bewölkt sich plötzlich ein blauer Himmel, oder die Konturen eines Gesichts werden plötzlich undeutlich. Einwände können auch darin deutlich werden, daß keine Szenen aufgedeckt werden können oder Szenen plötzlich verschwinden.

Zusammenfassung der Technik „Emotionshierarchie I"

1. Identifiziere eine Problemsituation.
2. Dissoziiere Dich von ihr. Betrachte die Problemsituation aus der Sicht eines unbeteiligten Beobachters.

3. Hebe den Blick ein wenig über die Szene und achte darauf, welche neue Szene oder visuelle Vorstellung Dir einfällt.
4. Würdige die auftauchende Szene in ihrer Bedeutung für Dich.
5. Schau Dir die Szene aufmerksam an und hebe, nachdem Du das getan hast, den Blick ein wenig über die Szene und warte darauf, welche weitere Szene Dir in den Sinn kommt.
6. Würdige die auftauchende Szene in ihrer Bedeutung für Dich.
7. Wiederhole Schritt fünf und sechs so lange, bis eine Szene aufkommt, die die Ressourcen enthält, die die Auflösung der Problemsituation ermöglichen.
8. Symbolisiere die geeigneten Ressourcen visuell, zum Beispiel in Farben, oder akustisch, zum Beispiel in Tönen.
9. Leite die in Farben oder Tönen symbolisierten Ressourcen in angemessener Dosierung durch alle Szenen hindurch in die Problemsituation ein und registriere deren positive Veränderung.

2.6.2 Die zweite Technik: „Emotionshierarchie II"

ECKARD: Ich frage mich natürlich, wie wirst Du in Zukunft solche Konfliktsituationen handhaben? Wie wirst Du Dich in Zukunft dem Schüler gegenüber verhalten? Stell Dir bitte vor, in ein bis zwei Monaten würde eine solche Situation wieder auftauchen. Vergegenwärtige sie Dir und überprüfe, ob Du sie zufriedenstellend handhaben kannst.

KLIENTIN: (Pause) Da fehlt noch was.

ECKARD: Was fehlt?

KLIENTIN: Das weiß ich auch nicht so genau.

ECKARD: Kann es ein, daß Du in der Konfliktsituation irgend etwas befürchtest?

KLIENTIN: Ja, das stimmt. Ich befürchte, daß noch etwas Schlimmeres passieren könnte als das, was ich mit dem Schüler erlebte.

ECKARD: Und was könnte schlimmstenfalls passieren?

KLIENTIN: Er könnte mich vor der ganzen Klasse lächerlich machen, und er könnte mich körperlich bedrohen. Das wäre schrecklich.

ECKARD: Bitte vergegenwärtige Dir solch eine schreckliche Situation. Stell sie Dir weit entfernt von Dir vor. Und sobald Du es getan hast, gib mir bitte ein Zeichen.

KLIENTIN: (Nickt mit dem Kopf.)

ECKARD: Nun bitte ich Dich um folgendes: Vergegenwärtige Dir bitte diese unangenehme Situation, die sich in Augenhöhe vor Dir befindet noch einmal kurz, und dann hebe die Augen, von der Situation ausgehend, senkrecht nach oben und achte neugierig darauf, was Dir einfallen wird. Und Du kannst Dich fragen, was es sein wird.

ECKARD (zur Gruppe): Für manchen ist es einfacher, sich vorzustellen, daß eine Senkrechte von der Ausgangssituation nach oben führt. Dann braucht man nur in Ruhe darauf zu achten, was einem am Ende der Senkrechten in den Sinn kommt. (Zur Klientin) Was ist Dir eingefallen?

KLIENTIN: Spontan kam mir ein heißer Sommertag in den Sinn. Die Sonne brennt vom blauen Himmel, die Straßen und Plätze sind leer, alles hat sich in den Schatten zurückgezogen. Ich liebe solche Tage. Ich mag die Hitze sehr gern.

ECKARD: Ist das eine Erinnerung an einen Urlaub?

KLIENTIN: Das ist eine typische Urlaubserinnerung. Ich verbringe meinen Urlaub fast immer im Süden. Ich fahre dahin, wo es richtig heiß ist. Da bin ich wie ausgewechselt. Da bin ich locker und entspannt und guter Dinge.

ECKARD: Das ist also eine ideale Vorstellung?

KLIENTIN: Nein, dazu fehlt noch was.

ECKARD: Kannst Du dann bitte das, was da noch fehlt, in die Szene einfügen?

KLIENTIN: (Pause) Ja. (Klientin lacht.) Ich möchte am liebsten gleich dahin fahren.

ECKARD: Einen Augenblick bitte.

KLIENTIN: (lacht)

ECKARD: Wenn Du das, was da oben in der Szene dargestellt ist, versinnbildlichen würdest, was wäre das für eine Farbe, eine Farbpalette, ein Ton oder eine Melodie, was wäre das?

KLIENTIN: Es wäre ein rötliches Gelb.

ECKARD: Ein warmes oder kaltes rötliches Gelb?

KLIENTIN: Ein sehr warmes, fast heißes rötliches Gelb, und ein Ton gehört auch dazu. Es ist ein angenehmer Summton.

ECKARD: Kannst Du jetzt bitte dieses sehr warme, fast heiße rötliche Gelb mit dem angenehmen Summton in die Ausgangssituation, in die befürchtete Situation hineinbringen? Was geschieht dann dort?

KLIENTIN: (Pause) Oh, die Situation ändert sich, und zwar stark. Ich höre auf, klein zu sein. Ich reagiere auf das Verhalten des Schülers angemessen. Ich kann locker auf seine Spielerei eingehen. (Pause) Das ist interessant. Ich habe gerade gedacht und gefühlt, ich bin seine Lehrerin und sein Versuch, mich vor der Klasse lächerlich zu machen, ist für mich eine gute Gelegenheit, den Schüler erfahren zu lassen, daß ich wirklich auch in so einem Moment seine Lehrerin bin. Ich bin überzeugt davon, daß es für uns beide und für die Klasse wichtig ist, so eine Konfliktsituation zu erleben.

Fragen der Teilnehmer

DON: Es ist mir mehrere Male passiert, daß ich in dem Augenblick, in dem ich den Blick von der problematischen Situation löste und nach oben guckte, verwirrt war und die Orientierung verlor. Was hat das zu bedeuten?

ECKARD: Erstens kann es ein Hinweis darauf sein, daß die Veränderungen, die Du vornehmen willst, nicht ökologisch sind. Es kann sein, daß ein Teil Deines Ichs Dich nicht wahrnehmen lassen möchte, was dort über Dir wahrgenommen werden kann.

Zweitens kann es sein, daß der Blick, den Du, von der Problemsituation ausgehend, nach oben richtest, unbewußt über Szenen hinwegführt, die der Problemsituation übergeordnet sind und deren Einfluß auf Dich so groß ist, daß Du daran gehindert wirst, das wahrzunehmen, was sich dort oben senkrecht über Dir befindet. Um den Einfluß dieser nicht bewußt wahrgenommenen Szenen feststellen zu können, richte bitte Deinen Blick langsam von der Problemsituation aus nach oben. Dort, wo Dein Blick auf dem Weg nach oben gleichsam hängenbleibt oder festgehalten wird, befinden sich die Szenen, die auf Dich wirken, die Dich beeinflussen. Nachdem Du so die Position festgestellt hast, an der sich eine Dich beeinflussende Szene befindet, verwende das „as-if-frame“, um herauszubekommen, was das für eine Szene ist. Sollte es eine Ressourceszene sein, so nutze sie, um in die Problemsituation die Ressourcen zu bringen, die nötig sind, um die negative Situation aufzulösen. Sollte es eine Problemsituation sein, die Du aufgedeckt hast, so gehe in der Weise vor, wie ich es bereits erwähnte. (Siehe Fragen zur ersten Technik dieses Kapitels.) Die positive Änderung der aufgedeckten Problemsituation führt häufig dazu, daß die problematische Ausgangssituation sich ebenfalls ändert. Sollte das nicht der Fall sein, dann vergegenwärtige Dir noch einmal die problematische Ausgangssituation, führe den Blick nach oben senkrecht über Dich und achte darauf, welche Ressourceszene

Dir bewußt wird. Verfahre dann weiter so, wie ich es vorhin praktiziert habe.

Wenn es nicht gelingt, eine visuelle Vorstellung oder ein Bild wahrzunehmen, nachdem die Senkrechte sozusagen aufgebaut worden ist, dann kann es nötig sein, sich die Senkrechte mehrmals hintereinander als schnelle Bewegung nach oben vorzustellen. Zugleich möchte ich noch anmerken, daß das entstehende Bild oder die visuelle Vorstellung nicht immer eine Szene sein muß, es kann z.B. auch die Senkrechte sein, die rotglühend vor einem blauen Himmel oder in einem weißen Raum auftaucht.

Es stellt sich die Frage: Was geschieht, wenn man bewußt Merkmale (Submodalitäten) der Senkrechten ändert, die von der Problemsituation aus nach oben geführt wird? Was geschieht, wenn man beispielsweise die Senkrechte als breiten oder schmalen Strahl mit hoher oder niedriger Geschwindigkeit in die Höhe führt, wenn man das mehrmals schnell hintereinander macht, wenn man die Senkrechte als gerade Reihe von Punkten, als gleichmäßig durchbrochene Linie, in wellenförmiger Gestalt, in unterschiedlichen Farben nach oben führt und sie dabei von bestimmten akustischen Signalen oder von einer Geste oder Körperbewegung begleitet wird? Wenn Ihr herausfinden möchtet, was passiert, wenn Ihr die Submodalitäten ändert, dann experimentiert bitte so lange mit belanglosen, emotional neutralen Bildern oder Vorstellungen, bis Ihr sicher wißt, welche Wirkungen Ihr mit der Submodalitätenänderung hervorruft. Abschließend ist anzumerken, daß die problematische Ausgangssituation zusammen mit dem Blick nach oben gezogen werden kann. Das läßt sich dadurch verhindern, daß wir unser Gegenüber bitten, die Szene einzurahmen oder auf andere Weise an ihrem Platz zu fixieren. Gelingt es nicht, so haben wir es mit einem Einwand zu tun.

Zusammenfassung der Technik „Emotionshierarchie II"

1. Identifiziere eine Problemsituation.
2. Dissoziiere Dich von der Erfahrung, indem Du sie aus der Position des unbeteiligten Beobachters wahrnimmst. Schau Dir die Szene als Film an, in dem Du eine Hauptrolle spielst.
3. Führe den Blick nach oben bis zu dem Punkt, der sich senkrecht über Dir befindet. Warte ab, was für eine Szene Dir einfallen wird. (Dazu kannst Du Dir auch eine Senkrechte vorstellen, die, von der Ausgangsszene ausgehend, nach oben führt und hoch über Dir endet)
4. Nachdem Dir die neue Szene deutlich geworden ist, symbolisiere die Ressourcen, die sie enthält, das heißt die positiven Lebenseinstellungen, Emotionen und Fähigkeiten, zum Beispiel visuell in einer Farbe und/oder akustisch in einem Ton oder in einer Tonfolge und/oder kinästhetisch in einem Gefühl, in einer Empfindung oder Bewegung.
5. Lasse die in Farben und/oder Tönen etc. versinnbildlichten Ressourcen in die Problemsituation einfließen und nimm deren positive Veränderung wahr.

2.6.3 Die dritte und vierte Technik: „Emotionshierarchie III und IV"

ECKARD (zur Gruppe): Es kommt ziemlich häufig vor, daß jemand ein Problem lösen möchte, sich aber nicht in der Lage sieht, den betreffenden Sachverhalt genau zu bestimmen und sich an eine entsprechende Begebenheit zu erinnern. Oder er erinnert eine Situation, in der das Problem sich nur in Ansätzen zeigt. Es kann jemand beispielsweise unter zeitweise starken Ängsten oder Panik leiden, und dennoch kann es für ihn schwer sein, sich an ein entsprechendes Ereignis zu erinnern. Er erinnert sich zwar an ein Angsterlebnis, aber an das sozusagen richtige, in dem er seine Panik erlebte, erinnert er sich nicht. Manchmal will man sich ja auch nicht daran erinnern, und man versucht, ein Problem zur Seite zu schieben. Das ist wie beim Zahnarzt. Bevor man zum Zahnarzt geht, hat man gräßliche Schmerzen, und wenn man dann zur Behandlung Platz genommen hat, ist der Schmerz verflogen. So etwas kann natürlich auch im therapeutischen Setting passieren. Um solche Situationen handhaben zu können, ist die folgende Technik gut geeignet. Ich verwende diese Technik dann, wenn ich den Eindruck habe, daß das präsentierte Problem nur die Oberfläche darstellt und mein Gegenüber beispielsweise nicht genau weiß, worin das Problem besteht, das er lösen möchte.

KLIENTIN: Womit ich immer wieder ganz schlecht umgehen kann, ist ein Wesenszug meiner jüngsten Tochter, den ich weder bei mir noch bei der ältesten Tochter kenne. Sie ist ganz anders als ich. Mein fehlendes Verständnis macht es mir sehr schwer, mit dem Verhalten meiner Tochter locker umzugehen. Dabei spüre ich in dem Moment ganz genau, daß sie unglücklich ist und nicht aus ihrem Verhalten rauskommt. Mich macht ihr Verhalten schlichtweg verrückt und unheimlich ärgerlich. Ich könnte ausflippen, und wenn ich ehrlich bin, dann tue ich es auch manchmal.

ECKARD: Du hast ein Beispiel dafür?

KLIENTIN: Viele, sehr viele sogar.

ECKARD: Kannst Du Dir aus den vielen Beispielen eines herausnehmen, das ein typisches Beispiel ist?

KLIENTIN: Natürlich! (Pause) Ich habe eine typische Situation ausgewählt.

ECKARD: Dann schau Dir bitte diese Situation, so gut es geht, in Ruhe an und beantworte mir bitte folgende Fragen: Ist es ein Bild oder ein Film, bist Du dort die Hauptperson in der Szene, oder nimmst Du nur andere Personen wahr; und wie groß ist das Format, ist es klein, ist es mittel, ist es groß, das Format der Szene?

KLIENTIN: Das ist ein kurzer Film, und ich bin eine der Hauptpersonen in dem Film, und das Format ist mittelgroß.

ECKARD: Guck Dir bitte die Szene, soweit es geht, in Ruhe an und dann senke bitte den Blick ein kleines Stückchen unter die Szene und warte neugierig ab, was Dir einfallen kann.

KLIENTIN: (Pause) Ich nehme ein leeres Kinderzimmer wahr. Das macht mir Angst.

ECKARD: Dann schau Dir diese Szene bitte nur ganz kurz an und senke dann wieder den Blick ein Stückchen, und zwar unter diese Szene und warte bitte ab, was Dir einfällt.

KLIENTIN: Ich habe Schwierigkeiten, mir fällt nichts ein.

ECKARD: Was ist das für ein Nichts? Ein graues oder schwarzes?

KLIENTIN: Es ist ein graues Nichts.

ECKARD: Angenommen, Du könntest durch das graue Nichts hindurchgucken, was kannst Du im grauen Nichts wahrnehmen oder dahinter?

KLIENTIN: Eine Landschaft, aber ziemlich klein. Die Landschaft befindet sich hinter dem Grau, es ist eine kahle, bergige Landschaft.

ECKARD: Wenn Du da reingehen würdest, wie wär das für Dich? Wie würdest Du Dich dann fühlen?

KLIENTIN: Ganz allein, ach, das ist schrecklich. (Klientin schüttelt sich.)

ECKARD: Kennst Du diese Landschaft?

KLIENTIN: Sie kommt mir irgendwie bekannt vor.

ECKARD: Was symbolisiert diese Landschaft für Dich? Wofür ist sie ein Sinnbild?

KLIENTIN: Das kann ich nur vermuten. Eine kahle, bergige Landschaft verbinde ich immer mit den Kindheitsurlauben. Die Urlaube mit meinen Eltern gingen immer in die Berge, und es war schrecklich für mich. Ich fühlte mich allein ohne meine Freundinnen, ohne vertraute Personen um mich herum. Meine Eltern waren mir fremd. Sie lebten ihr eigenes Leben. In Gegenwart meiner Eltern fühlte ich mich immer allein, und im Urlaub, wenn wir in den Bergen waren, dann war es besonders langweilig, und ich war besonders allein. Ich kannte ja niemanden dort. Meine Eltern erwarteten, daß ich immer mit ihnen spazierenging. Kontakt zu anderen Kindern war mir verboten. Ich hatte grausame Eltern.

ECKARD: Bitte stell Dir jetzt noch einmal ganz kurz das graue Nichts vor, hinter dem sich das kleine Bild der Landschaft befindet, und nimm es, soweit es möglich ist, in Ruhe wahr und dann senke bitte wieder den Blick unter diese Szene und erwarte neugierig oder in aller Ruhe, was Dir in den Sinn kommt.

KLIENTIN: Zuerst ist mir eine Farbe eingefallen, ein ganz helles Blau, ein verwaschenes Blau und dann ein eisbedeckter See.

ECKARD: Und was für ein Gefühl gehört dazu?

KLIENTIN: Ein ganz altes Gefühl der Kälte und Einsamkeit. Wenn ich mir die Szene deutlicher machen würde, dann würde ich diese Kälte und Einsamkeit ganz deutlich spüren können.

ECKARD: Bitte vergegenwärtige Dir nur ganz kurz die Farbe, das verwaschene Blau, und dann den See, und nachdem Du das getan hast, senk bitte wieder Deinen Blick unter die Szene und erwarte einfach, was Dir bewußt wird.

KLIENTIN: Da nehme ich eine Wüste wahr. Das Bild einer Steinwüste.

ECKARD: Was fühlst Du dabei?

KLIENTIN: Wenn ich mich darauf einlasse, dann fühle ich mich ganz verloren. (Die Klientin zeigt mit dem Zeigefinger der rechten Hand auf ihr Herz.)

ECKARD: Kannst Du bitte jetzt einmal Deine Wahrnehmung auf Deinen Herzbereich richten? Angenommen, Du könntest dort etwas wahrnehmen, ein Bild, eine Vorstellung, einen Film, was wäre da?

KLIENTIN: Da ist, ganz verkleinert, eine heiße, trockene Landschaft, eine Wüstenlandschaft. In dieser Wüstenlandschaft bewegen sich Karawanen, und das Ganze ist wie eine Spielzeuglandschaft. Es gehört ein interessiertes Gefühl dazu, wenn ich es mir angucke.

ECKARD: Und wenn Du in die Situation hineingeraten würdest? Oder wenn Du in der Situation drin wärst, wie würdest Du Dich dann fühlen?

KLIENTIN: Dann würde ich immer hin- und herlaufen, mich immer hin- und herbewegen in der Wüstenlandschaft, sonst könnte ich es nicht aushalten.

ECKARD: Und was wäre das für ein Gefühl?

KLIENTIN: Wenn ich aufhören würde, mich hin- und herzubewegen, dann wäre es ein schreckliches Gefühl. Dann würde ich mich ganz und gar allem gegenüber hilflos und ausgeliefert fühlen. Dann wäre ich allem hilflos ausgeliefert, ja. (Die Klientin zeigt mit dem Zeigefinger der rechten Hand neben sich.)

ECKARD: Kannst Du bitte jetzt einmal rechts neben Dich gucken? Was fällt Dir dann ein?

KLIENTIN: Ich sehe ein Oval. Es ist eine Spiegelumrahmung oder eine Bilderumrahmung. Es ist eine angenehme Begrenzung.

ECKARD: Kannst Du in diese angenehme Begrenzung die Wüstenlandschaft mit den Karawanen hineinbringen? Geht das?

KLIENTIN: Nein, das deckt sich nicht, da müßte ich was von der Landschaft abschneiden.

ECKARD: Das laß mal. Aber angenommen, Du hättest es passend gemacht, was würde dann geschehen?

KLIENTIN: Dann wäre alles überschaubar. Alles wäre angenehm und ruhig. Die Landschaft wäre angenehm. Es wäre leicht, sich in der Landschaft zu bewegen. Die Aktivitäten wären ruhig und ausgeglichen. Die Aktivitäten hätten einen Anfang und ein Ende. Und wenn ich mich dann in der Landschaft befinden würde, dann würde ich mich ruhig und sicher bewegen, weil ich weiß, daß alles einen Anfang und ein Ende hat..

ECKARD: Könnte es Nachteile für Dich haben, wenn alles in ruhigen Bahnen für Dich verlaufen würde?

KLIENTIN: Mir fällt nichts ein. (Klientin zeigt mit dem Zeigefinger der rechten Hand nach oben.)

ECKARD: Kannst Du bitte einmal nach rechts oben gucken? Was fällt Dir dann ein?

KLIENTIN: Mir ist gerade eingefallen, es könnte sein, daß etwas in den Rahmen dann nicht mehr hineinpassen könnte.

ECKARD: Und was vor allen Dingen könnte dann nicht mehr hineinpassen?

KLIENTIN: Dann wären mir bestimmte Wege versperrt.

ECKARD: Und was wäre das Schlimme daran?

KLIENTIN: Es wäre der Verlust irgendwelcher Möglichkeiten. Welcher, das kann ich nicht konkretisieren, und das ärgert mich auch. Es fällt mir gerade ein, daß mir die Wege versperrt wären, die Entfernung haben.

ECKARD: Und was würdest Du dadurch verlieren?

KLIENTIN: Das kann ich jetzt nicht sagen, ich weiß nur, daß mich das ärgert, wenn ich solche Möglichkeiten verliere.

ECKARD: Und was ärgert Dich vor allen Dingen?

KLIENTIN: Das ist der Zwiespalt, der mich ärgert. Der Rahmen gibt mir ein gutes Gefühl der Ruhe. Auf der anderen Seite könnte ich etwas abkappen, was ich später bedauern könnte und was mich auch ärgern könnte. Was das genau ist, was mich ärgert, das weiß ich nicht, weil ich nicht weiß, was daraus werden kann, daß ich etwas abgekappt habe. (Pause) Mir ist gerade eingefallen, worum es geht. Seit langem stecke ich in einem Zwiespalt, mit dem ich mich immer wieder arrangiere, bisher wenigstens. Auf der einen Seite will ich ein bißchen in meinem Beruf weiterarbeiten aus verschiedenen Gründen, vor allem allerdings aus Zukunftsangst. Wenn ich es nicht tun würde, könnte es sein, daß ich mir Wege abschneide, die ich in Zukunft gern weitergegangen wäre. Auf der anderen Seite nehme ich mir von dem, was ich gerne machen möchte, viel Zeit weg dadurch, daß ich als Lehrerin arbeite, und das ist ein Zwiespalt, der mich immer wieder ärgert. Manchmal erlaube ich mir, darüber nachzudenken, häufig schiebe ich das allerdings weg.

ECKARD: Wenn Du den Zwiespalt auflösen könntest, wie wäre denn das für Dich?

KLIENTIN: Das wäre natürlich gut.

ECKARD: Könntest Du Dir diesen Zwiespalt einmal vorstellen?

KLIENTIN: Ja, das eine ist „Arbeiten unter Gängelung“, das andere ist „Zu wenig Zeit zum Leben haben“. Da fallen mir verschiedene Situationen ein, die so vorbeirauschen. Ich habe dann immer wieder das Gefühl, als ob die Zeit vorbeieilt. Ich sehe so ein Zeitbündel, ein Ablaufbündel, was sich sehr schnell dreht.

ECKARD: Kannst Du Dir „Arbeiten unter Gängelung“ und „Zu wenig Zeit zum Leben haben“ nebeneinander vorstellen?

KLIENTIN: Ja! Die Vorstellungen liegen ganz dicht nebeneinander.

ECKARD: Kannst Du Dir jetzt bitte vorstellen, daß von diesen beiden Szenarien zwei Strahlen ausgehen, die sich senkrecht und hoch über Dir treffen und verschmelzen?

KLIENTIN: Das kann ich mir vorstellen. Da, wo die Strahlen sich treffen, da zischt es.

ECKARD: Und was ist das für ein Zischen?

KLIENTIN: Es zischt am Verschmelzungspunkt in den Farben Rot und Gelb. Das ist ein sehr schönes Bild. Und es ist auch sehr gefährlich.

ECKARD: Was geschieht, wenn Du das Rot und Gelb in die Situationen „Arbeiten unter Gängelung“ und „Zeit fürs Leben haben“ hineinfließen läßt?

KLIENTIN: Wenn ich auch nur ein bißchen von dem Rot und dem Gelb in die Situationen hineinfließen lasse, dann kriegen die Bilder Brandlöcher. Das Rot und das Gelb sind heiß und glühend. Von dieser Vorstellung kann ich mich im Augenblick nicht lösen. (Die Klientin zeigt mit dem Zeigefinger der linken Hand nach oben.)

ECKARD (zur Gruppe): Darin äußert sich ein Einwand. Es zeigt sich, daß die Ökologie der Klientin ins Spiel kommt. Wir haben zu beachten, daß die Aufhebung des Zwiespalts die Ökologie der Klientin berührt.

(Zur Klientin) Ich habe eine Bitte: Könntest Du einmal nach oben links gucken, was nimmst Du dann wahr?

KLIENTIN: Die Stuckverzierung. Die länglichen Schienen der Stuckverzierung nehme ich wahr.

ECKARD: Was symbolisieren diese länglichen Schienen für Dich?

KLIENTIN: (Pause) Das könnten Wege sein, gerade Wege.

ECKARD: Und wie fühlst Du Dich mit den geraden Wegen?

KLIENTIN: Ich fühle mich eingeengt.

ECKARD: Was stellst Du Dir zu dem „Ich fühle mich eingeengt“ vor?

KLIENTIN: Mir fällt da gerade eine Szene ein, an die ich mich erinnere, da fühlte ich mich sehr stark eingeengt.

ECKARD: Du weißt ja, daß Erinnerungen hintereinander geordnet sind, und deshalb bitte ich Dich: Schiebe bitte jetzt alle Erinnerungen hinter der Szene, an die Du Dich gerade erinnertest, mit einer Handbewegung weg, bis Du zum Anfang kommst.

KLIENTIN: (Pause) Da ist mir jetzt gerade eine Szene eingefallen, da bin ich ganz klein. Meine älteste Schwester hält mich ganz fest in den Armen und läßt mich nicht weg und läßt mich nicht von ihrem Schoß runter. Ich schreie. Sie läßt mich aber dennoch nicht vom Schoß runter. Ich glaube, sie findet es ganz niedlich, daß so ein kleines Kind sich so wehrt.

ECKARD: Dann bitte ich Dich jetzt, nimm bitte Kontakt zu den beiden auf und befreie das kleine Mädchen aus seiner Situation, indem Du der Größeren erklärst, was das für die Kleine bedeutet und wie sehr sie sich eingeengt fühlt – und daß sie sich auch dann natürlich nicht geliebt fühlt von ihrer großen Schwester.

(Pause) Tröste die Kleine und sage ihr, daß das ein Ausdruck von Liebe ist, den die große Schwester darin äußert, so merkwürdig das ist. Es gibt immer wieder Mißverständnisse im Leben. Und nachdem Du das getan hast, laß mich bitte wissen, wie sehr sich die Szene geändert hat. (Pause) Und nun schieb bitte wieder mit einer Handbewegung die Szenen vor die veränderte Kinderszene, die Du weggeschoben hattest, und bringe die Situation, in der Du Dich eingeengt fühltest, an den Platz, an dem sich auch die veränderte Kinderszene befindet, und achte einfach darauf, was dann geschieht.

KLIENTIN: (Pause) Die Situation hat sich wirklich sehr geändert. Nachdem ich die Kleine getröstet hatte und der Schwester die Situation erklärt hatte, veränderte sich die Kinderszene, und zwar angenehm. Die Kleine ist vom Schoß der Schwester heruntergerutscht und hat sich neben die Schwester gestellt. Die große Schwester hat der kleinen Schwester die Hand gereicht, damit sie sich daran festhalten kann, wenn sie es möchte. Außerdem ist die Szene insgesamt heller und freundlicher geworden. Dann hab ich mit einer Handbewegung die Szenen, die mir nicht bewußt sind, vor diese Kinderszene geschoben und darüber dann die Szene, die ich als besonders einengend erinnerte. Und auch diese Szene hat sich sehr geändert. Jetzt ist die Situation für mich dort akzeptabel.

ECKARD: Kannst Du Dich einmal in diese Situation hineinversetzen, die Du vorher so beengend erlebt hast?

KLIENTIN: Ja, das kann ich machen. (Pause) Die Situation ist jetzt in Ordnung.

ECKARD: Bevor wir weitermachen, möchte ich gerne von Dir wissen, wann ist es für Dich absolut notwendig, daß Du Dich auch in Zukunft zeitweise sehr eingeengt fühlst? Wann wäre es wirklich ganz schlimm für Dich, wenn Du das Gefühl hättest, alle Wege ständen Dir offen?

KLIENTIN: Wenn ich in Entscheidungsnot kommen sollte, dann ist es absolut notwendig, daß ich mich auch wirklich sehr eingeengt fühle.

ECKARD: Und wann ist es für Dein Gegenüber wichtig, daß es mitbekommt, daß Du Dich sehr eingeengt fühlst?

KLIENTIN: Wenn ich unglücklich werde dadurch, daß er mich einengt.

ECKARD: Wie wirkt sich das, was wir gerade getan haben, auf das heiße und glühende Gelb und Rot aus, das bei der Verschmelzung entstanden ist?

KLIENTIN: Das ist ganz weit weggerückt und nur noch als Licht vorhanden. Das Licht macht ein gutes Gefühl.

ECKARD: Kannst Du bitte das Licht in angemessener Dosierung in die Szene „Zeit zum Leben haben" hineinfallen lassen?

KLIENTIN: (Pause) Dann wird die Szene ganz bunt. Vorher war sie schwarz/weiß.

ECKARD: Und kannst Du jetzt bitte das Licht auch in die Situation „Arbeiten unter Gängelung" einströmen lassen, in angemessener Dosierung natürlich? Wie ist es dann?

KLIENTIN: (Pause) Dann wird die Szene angenehm hell.

ECKARD: Und wie vertragen sich die beiden Szenen miteinander?

KLIENTIN: Gut, ich fühl mich ausgeglichen dabei.

ECKARD: Und wann wird es in Zukunft absolut notwendig sein, daß Du das Arbeiten unter Gängelung erlebst?

KLIENTIN: Wenn ich etwas tun würde, was mir nicht gefällt, und auch dann, wenn ich dabei wäre, mich mit der Arbeit zu überfordern.

ECKARD: Und wann wird es in Zukunft nötig und wichtig sein, daß Du das Gefühl hast, zu wenig Zeit zum Leben zu haben?

KLIENTIN: Wenn ich mich und meine Bedürfnisse vernachlässigen würde und wenn ich andere, die mir wichtig sind und denen ich wichtig bin, vernachlässigen würde.

ECKARD: Kannst Du dir das, was Du gesagt hast, einmal vergegenwärtigen?

KLIENTIN: Ja. Da fallen mir verschiedene Situationen ein, in denen es absolut wichtig ist, daß ich mich entweder gegängelt fühle bei der Arbeit oder eben auch das Gefühl habe, zu wenig Zeit zum Leben zu haben.

ECKARD: Und jetzt bitte ich Dich, schau Dir noch einmal die Landschaft an, die heiße, trockene Wüstenlandschaft, die sich in Deinem Herzbereich befindet.

KLIENTIN: Die ist ganz klein geworden.

ECKARD: Kannst Du jetzt den Rahmen drum herum machen?

KLIENTIN: Ja, jetzt paßt er gut. Die ganze Szene verändert sich. Sie ist jetzt farbenfroh. Und aus der Wüstenlandschaft ist eine Oasenlandschaft geworden.

ECKARD: Kannst Du Dich einmal in die Szene hineinversetzen? Achte dann bitte auch auf Dein Gefühl.

KLIENTIN: Ja, ich kann mich in die Szene hineinversetzen. (Pause) Es ist ein angenehmes Gefühl.

ECKARD: Kennst Du den Dominoeffekt?

KLIENTIN: Ja!

ECKARD: Dann bitte beantworte mir einmal die Frage, was ist aus der Steinwüste geworden?

KLIENTIN: Die ist jetzt zu einer weiten, grünen Landschaft geworden.

ECKARD: Und wie fühlst Du dich dabei?

KLIENTIN: Gut.

ECKARD: Über dieser Szene befand sich das Bild mit der verwaschenen Farbe und dem eisbedeckten See, was ist daraus geworden?

KLIENTIN: Das Bild hat sich sehr verkleinert, die Farbe ist klar geworden, der See hat seine Eisdecke verloren. Es ist jetzt ein schöner blauer See, den ich wahrnehmen kann. Und ich habe ein angenehmes Gefühl dabei.

ECKARD: Und was befindet sich über dem schönen blauen See? Früher war da eine kahle bergige Landschaft, und was ist nun da?

KLIENTIN: Da ist jetzt ein Garten.

ECKARD: Und da drüber? Da war das leere Kinderzimmer.

KLIENTIN: Das Zimmer ist ganz hell geworden und freundlich, und außerdem ist das Bild kleiner geworden.

ECKARD: Und was befand sich nun darüber? Da befand sich ...

Klientin: (lacht) ... da drüber befand sich die Konfliktsituation mit meiner Tochter. Wenn ich sie mir vergegenwärtige, dann stelle ich fest, wie lächerlich das Ganze ist. Allerdings wird es sicherlich auch in Zukunft Situationen geben, in denen ich meiner Tochter drastisch klarmachen werde, daß ihr Verhalten für mich nicht akzeptabel ist.

Fragen der Teilnehmer

ULF: Kann es bei dem Vorgehen, mit dem untereinandergeordnete Szenen aufgedeckt werden, Probleme geben?

ECKARD: Wenn man die Ökologie der Veränderung beachtet, nicht. Es kann bei der Aufdeckung der Szenen passieren, daß Geschehnisse bewußt werden. die nicht erwartet wurden. Diese können äußerst unangenehme Gefühle hervorrufen. Sei es große Scham über etwas, was man irgendwann einmal getan hat, sei es Angst, weil man plötzlich mit einem bedrohlichen Geschehen konfrontiert wird. Es ist wichtig, das Gegenüber auf das „Schlimmste“ vorzubereiten und die Möglichkeit seiner Handhabung sicherzustellen.

Vor einiger Zeit kam jemand zu mir in die Praxis, weil er darüber entsetzt war, daß er seinen fünfjährigen Sohn aus geringstem Anlaß immer wieder malträtierte, ohne sich dagegen wehren zu können. Die Bemühungen, ihm prägende Erfahrungen mit diesem Vorgehen bewußt zu machen, scheiterten. Bei jedem Versuch erlebte er ein Gefühl der Orientierungslosigkeit. Es drehte sich, wie er sagte, alles in seinem Kopf, und ihm wurde übel. Ich wertete die Äußerungen seines Unbewußten als

Einwand gegen die Vorgehensweise und als Aufforderung, ihm zu ermöglichen, mit der Aufdeckung bislang nicht bewußter Erfahrungen angemessen umgehen zu können. Nachdem das sichergestellt war, bat ich ihn, sich an eine für ihn typische Problemsituation zu erinnern und sie sich von ihm dissoziiert vorzustellen. Anschließend deckte er mit der gerade praktizierten Methode Ereignisse auf, die ihm bislang verborgen geblieben waren und deren prägendem Einfluß er bis zu diesem Zeitpunkt unterworfen war. Die ihn prägenden Erfahrungen befanden sich senkrecht unterhalb der Ausgangsszene ganz nah bei ihm. Um sie wahrnehmen zu können, mußte er den Kopf senken und seinen Blick auf den Boden richten.

Wenn ich die Bereiche einer positiven und einer negativen Identität bestimmen müßte, dann würde ich den Bereich der positiven Identität als direkt über unserm Kopf, also senkrecht über uns angeben. Der Platz der negativen Identität befindet sich senkrecht unter mir, direkt zu meinen Füßen. Wir bewegen uns gleichsam zwischen diesen beiden Polen der positiven und der negativen Identität. Wir durchlaufen mit unseren Blicken nach oben bzw. nach unten die logischen Ebenen. Auf Augenhöhe befindet sich vor uns – normalerweise – der Bereich der Verhaltensebene, ein Stück darüber und darunter der Bereich der Fähigkeiten, darüber bzw. darunter die Ebene der positiven bzw. negativen Einstellungen, Werte usw., und dann kommt – wie gesagt – die Ebene der positiven bzw. der negativen Identität. Nebenbei gesagt, wenn ich wissen will, was sich über dem Bereich der positiven Identität befindet, hole ich die visuelle Vorstellung, in der sich die positive Identität realisiert, auf Augenhöhe herunter und gehe dann gemäß der Technik „Emotionshierarchie I“ vor. Es kann allerdings geschehen, daß die beiden Pole ihre Wertigkeiten ändern. Das kann beispielsweise dann für den Pol der positiven Identität vorkommen, wenn wir für die Aufhebung einer belastenden Situation die Technik verwenden, die vorhin praktiziert wurde. (Siehe Kapitel 2, zweite Technik.) Liegt dem belastenden Erleben ein Identitätsproblem zugrunde, dann können wir erleben, daß, nachdem der Blick von der

Problemsituation aus senkrecht nach oben geführt wurde, die Szene aufgedeckt wird, die auf der Identitätsebene liegend für das problematische Erleben verantwortlich ist. Die Szene, die dann aufgedeckt wird, ist natürlich dann meistens eine alles andere als angenehme Szene. Tröstlich ist dabei, daß belastende Szenen dann häufig in symbolischer Form erscheinen.

HENDRIK: Nachdem die untereinanderliegenden Szenen aufgedeckt worden waren, hattest Du die Klientin gebeten, sich vorzustellen, daß von den Szenen „Arbeiten unter Gängelung“ und „Zu wenig Zeit zum Leben“ schnelle Verbindungen ausgehen, die sich über ihr treffen und verschmelzen. An dem Verschmelzungspunkt entwickelten sich die Farben „Rot“ und „Gelb“. Als die Klientin dann versuchte, ein wenig von dem „Rot“ und „Gelb“ in die beiden Situationen einfließen zu lassen, bekamen die Bilder Brandlöcher, und Du sagtest, daß sich darin ein Einwand äußern würde. Ist das die einzige Art und Weise, in der sich Einwände äußern können bei dieser Technik?

ECKARD: Nein! Einwände zeigen sich auf unterschiedlichste Art und Weise. Beispielsweise kann es passieren, daß die Verbindungen nicht miteinander verschmelzen, sondern parallel aneinander vorbeilaufen. Es kann auch geschehen, daß die Verbindungen sich gegenseitig abstoßen oder sich kreuzen, ohne miteinander zu verschmelzen. Es passiert auch, daß die Verbindungslinien sich gar nicht richtig entwickeln. Sie können sich auf der Hälfte ihres Weges auflösen.

Einwände können sich auch darin äußern, daß mein Gegenüber sich nicht konzentrieren kann, wenn er oder sie versucht, die Verbindungen zu realisieren. Es kann auch passieren, daß man daran gehindert wird, die Wahrnehmung der Szenen aufrechtzuerhalten. Es gibt viele Möglichkeiten, wie Einwände sich zeigen können. Unser Unbewußtes ist sehr kreativ. Sobald sich ein Einwand meldet, ist es natürlich nötig, sich um ihn zu kümmern, wie wir es ja auch getan haben.

ARMIN: Wenn es für jemanden schwierig ist, sich zwei Szenen zugleich vor Augen zu führen, was tust Du dann?

ECKARD: Dann überprüfe ich zuerst einmal, ob mein Gegenüber sich der einen oder der anderen Szene assoziiert hat, und wenn das der Fall ist, dann sorge ich dafür, daß er/sie sich von der Situation dissoziiert. Wenn er sich auch dann nicht beide Szenen zugleich vorstellen kann, dann ändere ich meine Vorgehensweise. Man kann sich natürlich so viele Situationen nebeneinander vorstellen, wie man möchte.

Nebenbei bemerkt, die Technik „Emotionshierarchie IV" kann auch dazu genutzt werden, um den Wert zu erfassen, der anderen Werten übergeordnet ist oder sie umfaßt.

ANGELA: Die Klientin erinnerte sich an eine Begebenheit, in der sie sich stark eingeengt gefühlt hatte. Danach sagtest Du zu ihr, daß sie wisse, daß Erinnerungen hintereinander geordnet sind, und batest sie, die erinnerte Szene und alle anderen dahinter befindlichen mit einer Handbewegung zur Seite zu schieben. In diesem Fall funktionierte dieses Vorgehen gut, aber ist das immer der Fall?

ECKARD: Da die Klientin bereits die Erfahrung gemacht hat, daß Erinnerungen hintereinander geordnet sind – zumindest betrifft das die visuelle Repräsentation von Ereignissen – war es möglich, so vorzugehen. Wenn unser Rapport nicht so gut gewesen wäre, dann hätte sie es allerdings möglicherweise nicht gemacht.

Jemand, der kein Modell hat, auf das er sich in seinem Handeln beziehen kann, hat natürlich Schwierigkeiten, der Instruktion zu folgen. Allerdings wäre es trotz des vorhandenen Modells möglich gewesen, daß sie meiner Bitte nicht folgt, nämlich dann, wenn sie das Modell entwertet oder den einschränkenden Glaubenssatz gehabt hätte, daß alles kompliziert sein muß, was effizient ist.

Zusammenfassung der Technik „Emotionshierarchie III“

1. Identifiziere eine Problemsituation.
2. Dissoziiere Dich gegebenenfalls von der Problemsituation. Sieh Dir die Szene aus der Position eines unbeteiligten Beobachters an.
3. Senke den Blick ein wenig unter die Szene und warte ab, welche andere Szene Dir einfällt.
4. Sieh Dir die neue Szene aufmerksam an und senke danach den Blick ein wenig unter diese Szene und warte ab, was Dir als nächstes einfällt.
5. Wiederhole die Schritte 3 und 4 so lange, bis die entscheidende Problemsituation auftaucht. Hinweis: Die entscheidenden Problemsituationen befinden sich häufig zu unseren Füßen.
6. Zur Änderung der entscheidenden Problemsituation kannst Du unterschiedliche Vorgehensweisen verwenden, z.B. die, die im Buch dargestellt werden

Zusammenfassung der Technik: „Emotionshierarchie IV“

1. Identifiziere zwei Problemsituationen, seien es erinnerte oder antizipierte.
2. Visualisiere die zwei Situationen nebeneinander.
3. Stell Dir vor, daß von jeder der beiden Problemsituationen Strahlen ausgehen, die sich senkrecht und hoch über Dir treffen und dort miteinander verschmelzen. Nimm die Lichtenergie wahr, die dort oben am Treff- und Verschmelzungspunkt auftritt.
4. Nutze die Lichtenergie als Ressource, um die Problemsituationen aufzulösen. Dazu lasse die Lichtenergie in angemessener Dosierung in die Problemsituationen einströmen. Sollte statt der Lichtenergie eine Vorstellung, ein Bild auftauchen, dann symbolisiere die Einstellungen, Gefühle und Fähigkeiten visuell, z.B. in einem Farben-

spiel oder in einer Farbe und/oder akustisch in einem Ton und/oder kinästhetisch in einer Geste und laß sie dann in die Problemsituationen einfließen.

5. Würdige die positive Änderung der Problemsituationen.

2.6.4 *Die fünfte Technik: „Emotionshierarchie V"*

KLIENT: Wenn meine Freundin etwas von mir will, dann gebe ich aus Angst häufig nach. Sie kommt einfach in mein Zimmer rein, und auch wenn ich am Schreibtisch sitze, kümmert sie sich nicht darum, was ich tue, und fragt auch nicht, was ich mache, oder ob sie stört. Sie kommt ganz selbstverständlich ins Zimmer rein und tut so, als wenn es ganz normal wäre, daß ich zu ihrer Verfügung stehen müßte, und das ist mir sehr unbehaglich. Ich ärgere mich darüber, daß ich aus Angst so weich und nachgiebig ihr gegenüber bin.

ECKARD: Wie verhält sich Deine Freundin in Situationen, in denen Du nicht nachgibst?

KLIENT: Sie geht einfach wieder aus dem Zimmer raus, aber ich befürchte dann, daß sie ärgerlich auf mich ist.

ECKARD: Kannst Du Dir bitte einmal so eine befürchtete Situation vorstellen?

KLIENT: Ja, das kann ich.

ECKARD: Stell Dir die Situation bitte vor, und sobald Du das getan hast, bitte ich Dich, senke den Blick ein kleines Stückchen unter die Szene und warte einfach neugierig ab, was Dir dann einfällt.

KLIENT: (Pause) Unter der Szene, in der meine Freundin ärgerlich auf mich ist, befindet sich eine andere Situation, und in der ist sie ganz traurig.

ECKARD: War das früher auch schon so, daß Du nachgegeben hast, wenn jemand etwas von Dir wollte?

KLIENT: Es war sehr häufig in meiner Kindheit so, daß meine Mutter ganz direkt oder auch subtil versucht hat, mich dazu zu bewegen, mit meiner Freundin zu Hause zu bleiben und nicht wegzugehen. Sie wollte, daß ich auf Sachen verzichte, die für mich wichtig waren, und sie hat ganz stark versucht, darauf hinzuwirken, daß ich nicht mit zu den Eltern meiner Freundin ging. Häufig war meine damalige Freundin darüber empört, daß ich nachgab. Ich erinnere mich allerdings auch an Situationen, in denen ich nicht zu Hause blieb und mit zu ihren Eltern ging. An eine Situation erinnere ich mich vor allem, das war in der Weihnachtszeit, genauer zur Adventszeit, und meine Freundin und ich gingen zu ihren Eltern, um dort den zweiten Advent zu feiern. Meine Mutter fand es unmöglich von mir, daß ich mit zu den Eltern meiner Freundin ging und den Nachmittag mit ihnen verbringen wollte. Ich sehe mich jetzt am Tisch sitzen mit den Eltern meiner Freundin, wir unterhalten uns, und es geht mir schlecht, weil ich dem Wunsch meiner Mutter nicht nachgekommen bin.

ECKARD: Kannst Du Dir diese Situation bitte einmal vor Augen führen, und sobald Du das getan hast, senke bitte den Blick unter diese Szene und warte in Ruhe oder neugierig ab, was Dir dann in den Sinn kommt.

KLIENT: Das mache ich. Ich kann mir die Situation gut vorstellen. Ich sitze mit den anderen am Tisch und unterhalte mich mit ihnen und fühle mich unwohl dabei, und unter dieser Szene, da ist alles dunkel, und ich sehe meine Mutter, die schreit: „Ich bring mich um, ich bring mich um!“ Ich fühle mich bedroht, und das ist es: Ich werde weich und gebe nach, weil ich mich bedroht fühle. Das stimmt, das ist so. (Der Klient schüttelt sich, reckt und streckt sich.)

ECKARD: Genügt das, oder brauchst Du noch ein wenig Zeit, um aus dem Zustand herauszukommen?

KLIENT: Das genügt, ich bin jetzt wieder in Ordnung.

ECKARD: Stell Dir bitte jetzt noch einmal die Situation vor, in der Deine Freundin traurig aus dem Zimmer geht. Ist das möglich?

KLIENT: Ja.

ECKARD: Und jetzt guck Dir kurz noch einmal die Szene an, in der die Mutter schreit: „Ich bring mich um." Kannst Du das machen?

KLIENT: Ja.

ECKARD: Kannst Du Dir diese beiden Szenen mit einem Blick vorstellen?

KLIENT: Ja, das geht, obwohl die erinnerte Szene mit meiner Mutter ziemlich weit links von mir ist und die befürchtete ein Stück rechts von mir. Und über der erinnerten Situation mit meiner Mutter befindet sich die andere Erinnerung an den Adventsnachmittag; und über der Szene, in der meine Freundin traurig ist, befindet sich die befürchtete Situation mit ihr. Da befürchte ich, daß sie ärgerlich ist, wenn ich nicht nachgiebig und weich bin ihr gegenüber.

ECKARD: Dann bitte ich Dich jetzt um folgendes: Stell Dir bitte die Situation mit Deiner Mutter vor und die Situation, in der Deine Freundin traurig ist. Sobald Du das getan hast, laß es mich bitte wissen. (Pause, der Klient nickt.) Angenommen, es gibt zwischen diesen beiden Situationen eine Verbindungslinie, dann bitte ich Dich, stelle Dir diese Verbindung einmal vor. Und nachdem Du das getan hast, gib mir bitte ein Zeichen.

KLIENT: Die Verbindung kann ich mir gut vorstellen.

ECKARD: Dann finde jetzt bitte die Mitte auf dieser Verbindungslinie. Wie nimmst Du die wahr?

KLIENT: Das ist eine Senkrechte, die von der Mitte der Verbindungslinie ausgeht.

ECKARD: Kannst Du diese Senkrechte bitte bis ganz nach oben mit Deinen Augen verfolgen? Was fällt Dir dann ein, da, wo die Senkrechte aufhört bzw. wenn man es von oben betrachtet, da, wo die Senkrechte anfängt?

KLIENT: Da ist ein Clownsgesicht. (Pause) Je länger ich da hinsehe, um so unangenehmer wird es für mich, und um so unwohler fühle ich mich mit dem Clownsgesicht.

ECKARD: Dann hebe bitte jetzt Deinen Blick ein Stück über das Clownsgesicht hinweg. Was fällt Dir dann ein?

KLIENT: Da nehme ich Sonnenstrahlen wahr. Da glitzert etwas.

ECKARD: Und wie geht es Dir damit?

KLIENT: Ganz gut, aber das Clownsgesicht hat etwas Bedrohliches.

ECKARD: Dann guck Dir bitte jetzt die Sonnenstrahlen noch einmal an und das Glitzern und mach Dir bitte währenddessen klar, was die Sonnenstrahlen und das Glitzern für Dich darstellen.

KLIENT: Das Glitzern und die Sonnenstrahlen sind für mich Symbole für Wärme, Kraft, Optimismus und daß alles weitergeht.

ECKARD: Wovon bist Du dann überzeugt?

KLIENT: Wenn ich mich in problematischen Situationen befinde, dann geben mir die Sonnenstrahlen die Gewißheit, daß ich die Probleme lösen werde.

ECKARD: Kannst Du die Sonnenstrahlen und das Glitzern nehmen und es auf das Clownsgesicht fallen lassen?

KLIENT: Der Clown fängt an, die Nase zu kräuseln, und kneift die Augen etwas zusammen und lächelt in das Sonnenlicht hinein. Das ist angenehm, das Bedrohliche ist verschwunden.

ECKARD: Angenommen, Du würdest jetzt das Glitzern und die Sonnenstrahlen auf die Senkrechte fallen lassen, die sich in der Mitte zwischen den beiden Situationen befindet, was passiert dann?

KLIENT: Die Senkrechte veränderte sich schon, nachdem der Clown anfing zu lächeln. Sie leuchtet und ist ein breiter Sonnenstrahl geworden. Es sind allerdings noch einige dunkle Flecken in dem Licht zu sehen.

ECKARD: Sag mal, wann wird es auch in Zukunft nötig sein, daß Du Dich bedroht fühlst und daß Du nachgibst?

KLIENT: Wenn mich meine Mutter oder jemand anders wirklich bedroht. Wenn mir jemand etwas antun könnte, weil ich seiner Aufforderung nicht nachkomme.

ECKARD: Und wann wäre es für Dein Gegenüber absolut wichtig, daß es mitbekommt, daß Du Dich bedroht fühlst?

KLIENT: Damit der andere meine Grenzen erfährt, damit er erkennt, daß ich etwas nicht kann.

ECKARD: Kannst Du Dir bitte solche Situationen einmal praktisch vorstellen?

KLIENT: Ja. (Pause) Es gibt wirklich einige Situationen, in denen es wichtig ist, daß ich mich bedroht fühle.

ECKARD: Und was macht der breite Sonnenstrahl? Wie sieht der aus?

KLIENT: Die Flecken sind fast verschwunden. Ich kann Dir ein Beispiel geben. Angenommen, meine Freundin kommt ins Zimmer und hat ein Problem, und ich würde dann sagen: „Ich habe keine Zeit, das geht jetzt nicht", das wäre unmöglich. In einer solchen Situation ist es ganz wichtig, daß ich dann Zeit für sie habe und für sie auch da bin.

ECKARD: Und wann ist es auch zukünftig wichtig, daß Deine Freundin mitbekommt, daß Du weich wirst und ihrem Bedürfnis nachgibst?

KLIENT: In solchen Situationen, wie ich gerade eine beschrieben habe. Daran kann sie meine Liebe wahrnehmen, denn ich bin ja nicht für jeden da, und ich kann auch nicht für jeden, der zu mir kommt, von dem abgehen, was mir wichtig ist.

ECKARD: Was macht der Sonnenstrahl?

KLIENT: Der ist ganz hell geworden. Jetzt ist es ein schöner, breiter Sonnenstrahl.

ECKARD: Kannst Du Dir bitte jetzt einmal die Situation zugänglich machen, in der die Mutter geschrien hatte?

KLIENT: Ja. Das Dunkle ist jetzt weggegangen. Es breitet sich ein sanftes helles Licht, so ein sonniges Licht, in der Situation aus. Es ist beruhigend, das Ganze hat etwas Sanftes, Weiches bekommen. Das Schreien meiner Mutter ist leise geworden. Im Grunde ist es schon gar kein richtiges Schreien mehr. Es ist so etwas wie ein Hilferuf geworden. Und das ist in Ordnung.

ECKARD: Und kannst Du Dir bitte jetzt die Situation anschauen, in der Deine Freundin traurig das Zimmer verließ?

KLIENT: Die Szene ist hell geworden. Es ist alles nur halb so schlimm. Statt traurig zu sein, geht meine Freundin jetzt ruhig und ganz normal aus dem Zimmer.

ECKARD: Und kannst Du Dir jetzt bitte die befürchtete Situation ansehen, in der Deine Freundin ärgerlich auf Dich war?

KLIENT: Sie hat sich umgedreht und guckt mich freundlich an.

ECKARD: Und was ist mit der Situation, die in der Adventszeit spielte? Ich meine die Szene, in der Du mit Deiner Freundin deren Eltern besuchtest und was Deiner Mutter nicht angenehm war.

KLIENT: Wir sitzen bei Kaffee und Kuchen, und die Mutter hat den Arm um mich gelegt. Es ist eine fröhliche Tischrunde.

ECKARD: Und wie wird es nun sein, wenn Deine Freundin morgen, übermorgen oder in einem Monat ganz selbstverständlich in Dein Zimmer kommt und von Dir etwas möchte, was Dir nicht so paßt? Würdest Du dann weich werden?

KLIENT: Wenn es etwas Wichtiges wäre, was sie möchte, wenn ich ihr wirklich helfen kann, dann werde ich Zeit für sie haben. Wenn es etwas Unwichtiges, Belangloses ist, was sie von mir möchte, dann werde ich sie in den Arm nehmen und ihr sagen, daß ich die Zeit für mich brauche und wir später darüber sprechen können über das, was sie möchte.

Fragen der Teilnehmer

KARIN: Weshalb war es für Dich wichtig, von dem Klienten zu erfahren, welche Szenen sich unterhalb der geschilderten Ausgangssituation befanden?

ECKARD: Die von dem Klienten angegebenen Szenen waren, bezogen auf ihre Emotionalität, sehr diffus. Es war ihm selbst anfangs gar nicht klar, was ihn motivierte nachzugeben. Um diese Motivation ging es mir, als ich ihn bat, sich die Szenen zu vergegenwärtigen, die sich unterhalb der Ausgangssituation befanden. Ich erwähnte bereits, daß ich es häufig so mache, daß ich, wenn ich mit dem Dargestellten unzufrieden bin, wenn mir das Dargestellte nicht als das wirkliche Problem – was immer das sein mag – erscheint, daß ich dann mein Gegenüber bitte, sich die unterhalb der Ausgangssituation befindliche Szene zu vergegenwärtigen. Tatsächlich wird es dann meistens klar, worum es geht. Ich suche also die zur Oberflächenstruktur gehörende Tiefenstruktur.

KARIN: Ich fand es schwierig, die Verbindungslinie zwischen den beiden Szenen herzustellen, woher kommt das?

ECKARD: Zum einen kann es sein, daß es für Dich wirklich schwierig ist, diese Verbindungslinie herzustellen. Es ist nicht alles für jeden gleich gut geeignet, zum anderen kann sich darin ein Einwand äußern. Wie Du weißt, können Einwände sich auf unterschiedlichste Weise zeigen.

Zusammenfassung zur Technik „Emotionshierarchie V"

1. Identifiziere eine Problemsituation.
2. Dissoziiere Dich gegebenenfalls von der Problemsituation. Sieh Dir die Szene aus der Position eines unbeteiligten Beobachters an.
3. Identifiziere eine weitere in der Zukunft befürchtete Problemsituation und dissoziiere Dich gegebenenfalls von ihr.
4. Nimm eine feste visuell wahrnehmbare Verbindungslinie zwischen den Problemsituationen wahr.
5. Finde die Mitte auf der Verbindungslinie. Führe von ihr aus eine Senkrechte, z.B. einen Strahl, hoch nach oben.
6. Achte auf das, was senkrecht hoch über Dir am Ende der Senkrechten geschieht. Registriere die wahrzunehmende visuelle Vorstellung.
7. Bring die in der visuellen Vorstellung verfügbaren Ressourcen in angemessener Dosierung in die Problemsituation und achte auf die positive Veränderung.

3.
Die Balance der Emotionen

3.1 Emotionen als Erleben

Freude und Ärger werden ebenso wie Angst und Wut unmittelbar erfahren. Wir erleben, daß das Herz schneller schlägt, wir spüren Anspannung und Erregung, uns wird heiß und kalt. Emotionale Reaktionen sind eng mit körperlichen verknüpft. Wir nehmen bei unserem Gegenüber Freude und Ärger an Gestik und Mimik wahr. Aus Körperhaltung und Stimme deuten wir die emotionale Verfassung des anderen. Gefühle teilen sich im Ausdruck mit, dabei wird die emotionale Lage auch dann geäußert, wenn man sich unbeobachtet fühlt, denn das Ausdrucksverhalten geschieht normalerweise unwillkürlich. Die Emotionen sind nur der erlebenden Person zugänglich. In Gefühlen nehmen wir Stellung zu dem, was wir tun und erfahren. In ihnen verdeutlichen sich unsere bewertenden Stellungnahmen zu den Tatbeständen der Welt, zu unseren Handlungen und zu uns selbst.

Wir können uns folgende Szene vorstellen: Ich fahre mit dem Wagen an die Ostsee. Ich lasse Hamburg hinter mir. Es ist Frühling, und ich genieße die untergehende Sonne. Über diesen Anblick freue ich mich, über den rot aufleuchtenden Himmel, die schattigen Wälder, die immer dunkler werdenden Farben der Landschaft. „Es ist schön!"

Der Anblick der Natur, die darauf bezogene Wertung „Es ist schön" und die Freude darüber, daß es so etwas gibt, sind im Erleben miteinander verwoben, obgleich es sich um unterschiedliche Erlebensaspekte handelt. Die Wahrnehmung der untergehenden Sonne wie auch die der Landschaft sind ebenso wie die Bewertung durch mich auf Sachverhalte der Umwelt bezogen. Das schöne, beeindruckende Naturereignis geschieht außerhalb meiner selbst. Meine Freude hingegen ist ganz und gar meine. Ich erfahre sie als nur mir eigenen inneren Zustand, der mit meiner Wahrnehmung einhergeht.

Seit einiger Zeit halte ich nach einem Autobahnrestaurant Ausschau. Ich möchte zu Abend essen. Der Wunsch, den Abend in einem guten Hotel zu verbringen, läßt meine Freude über den malerischen Sonnenuntergang in den Hintergrund treten. Weit und breit ist kein Hotel zu finden. Ich bin etwas verärgert. Eine leichte Spannung in der Unterkiefermuskulatur, in Gesicht und Magen macht sich bemerkbar. So wie die Freude erlebe ich auch das Gefühl des leichten Ärgers als mir eigenen inneren Zustand, der in diesem Fall mit der Empfindung einer peripheren körperlichen Reaktion einhergeht.

Jede Emotion ist ein besonderes Erleben. Im Gefühl wird deutlich, was ich will, was ich anstrebe und was ich ablehne, wie nah ich meinem Ziel bin oder wie weit ich mich davon entfernt habe.

3.2 Die Funktion von Emotionen

Emotionen steuern unser Denken, Wahrnehmen und Handeln. Sie geben unserem Verhalten grundsätzliche Richtungen. Sie ermöglichen situations- und bedürfnisangemessenes Handeln. Sie initiieren Handlungen, sie halten Handlungen aufrecht und bewirken deren Änderungen und Abbruch. Gefühle steuern die Intensität und Dauer von Verhaltensweisen. Sie führen zur Verinnerlichung von Verhalten, das situations- und bedürfnisgerecht war, und markieren andererseits solche Verhaltensweisen, die der Situation und dem Bedürfnis nicht gerecht werden konnten, die erfolglos waren. Die Verknüpfung von Emotionen mit Mimik, Gestik, Körperhaltung und Vokalisation ermöglicht es, Emotionen anderen mitzuteilen und handlungsrelevante Gefühle in der sozialen Interaktion wirksam werden zu lassen. Das Ausdrucksverhalten, das mit den Emotionen einhergeht, ist Ergebnis eines langen evolutionären

Prozesses und reflektiert den Sachverhalt, daß Emotionen sich in und mit der Regulation des zwischenmenschlichen Verkehrs entwickelt haben und darin auch ihre Funktion finden.

Emotionen spiegeln zudem Informationen über die Umwelt und die eigene Befindlichkeit wider. Emotionen bewerten Sachverhalte der Wirklichkeit. Unangenehme Gefühle lassen sich als Widerspiegelungen von potentiell schädigenden oder belastenden Realitätsaspekten verstehen, angenehme Emotionen signalisieren zuträgliche Lebensbedingungen. Emotionen reflektieren die Bedeutsamkeit von Sachverhalten und informieren uns über die Realisierung unserer Bedürfnisse. Sie können zudem auch den Bezug zu uns selbst regulieren. Beispielsweise reguliert das Selbstwertgefühl meinen Bezug zu der von mir erbrachten Leistung.

Über Lust-/Unlustmechanismen wird sichergestellt, daß wichtige Verhaltensziele angestrebt und Situationen, die diese gefährden könnten, gemieden werden. Im Verlauf der menschlichen Entwicklung hat sich das polare Bewertungssystem „Lust" gegen „Unlust" in der Weise aufgefächert, daß nunmehr zuträgliche oder schädigende Lebensbedingungen durch einzelne Emotionen differenziert gekennzeichnet werden.

Es wird darum gestritten, ob es primäre, grundlegende Emotionen gibt, und wenn ja, wieviele es sind, von denen alle anderen Emotionen abgeleitet werden können. Ich bezeichne hier solche Emotionen als primär oder elementar, die lebensgeschichtlich besonders eindrücklich sind bzw. häufig erlebt werden. Aufgrund ihrer Auftrittshäufigkeit und Intensität sowie ihrer Interaktion sind die Primäremotionen für die psychische Entwicklung von besonderer Bedeutung. Im folgenden werden die wichtigsten Primäremotionen dargestellt.

3.3 Primäremotionen

Emotionen sind in der Regel auf andere bezogen. Eine Emotion existiert selten für sich, ohne dabei eine andere zu provozieren oder auf andere regulierend, stärkend oder schwächend einzuwirken. Dabei können sich unterschiedliche Emotionen gemeinsam auf einen Sachverhalt beziehen. Die Gleichzeitigkeit einander widersprechender, sozusagen gegenläufiger Emotionen widerspiegelt nicht allein psychische Ambivalenzen, sie ist auch Ausdruck einer Selbstregulation, die auf die Aufhebung eben dieser Ambivalenzen gerichtet ist. Dabei wirken die gegenläufigen Emotionen jeweils aufeinander ein.

3.3.1 Scham

Scham ist eine der bedrückendsten Erfahrungen. Sie weckt in uns nicht nur den Wunsch, im Erdboden zu versinken, nicht existent zu sein, wir haben auch das Gefühl, die Aufmerksamkeit aller sei auf uns gerichtet. Scham wühlt uns auf, weil sie nach außen deutlich sichtbar ist. Die Emotion Scham ist mit negativen Urteilen über uns selbst verbunden. Dabei ist es belanglos, ob wir uns selbst verurteilen oder vom anderen verurteilt werden. In jedem Fall erleben wir den Wertverlust als „ganze Person".

Die Wahrnehmung, persönlich entwertet zu sein, führt dazu, daß wir den Kopf senken, den Blick abwenden und gegebenenfalls erröten. Dabei kann sich die Scham je nach Situation auch als Peinlichkeit, Schüchternheit und Verlegenheit äußern. Als Grundlage moralischen Verhaltens wirkt das Gefühl der Scham nicht nur auf die Einhaltung sozialer Normen hin, sie signalisiert ebenfalls deren Übertretung.

Scham tritt auf, wenn unserer Meinung nach eine moralische Verfehlung anderen sichtbar werden könnte oder von anderen tatsächlich wahrgenommen wird.

Ein wesentlicher Aspekt des Schamgefühls besteht darin, daß bestimmte Sachverhalte als persönlich und intim definiert werden und deren unerlaubte Veröffentlichung sanktioniert wird. Die Scham lenkt die Aufmerksamkeit auf die eigene Person und fordert das Hinterfragen und die Revision der eigenen normverletzenden Handlungen. Das Gefühl der Scham oder Peinlichkeit schützt unsere Privatsphäre. Es bewirkt, daß die Distanz zu anderen gewahrt wird. Ohne Schamgefühl wären wir „schamlos". Die Hemmung bestimmter Äußerungen wäre aufgehoben. Es gäbe keine Distanz zu anderen, es gäbe weder Intimität, noch würde die Handhabung anderer privater Sachverhalte auf angemessene Weise möglich.

Dadurch, daß das Schamgefühl eine zu große Nähe zu anderen mit spürbar aversiven Sanktionen belegt, bewirkt es, daß Grenzen im zwischenmenschlichen Verkehr gewahrt bleiben. Es wirkt ausgleichend im Zusammenhang von Bindungsprozessen. So fördert es beispielsweise in Partnerbeziehungen das Gleichgewicht zwischen Nähe und Distanz, zwischen Abhängigkeit und Selbständigkeit, zwischen Aufgehen im anderen und „Man-selbst-sein". Das Schamgefühl fungiert als emotionaler Mechanismus zur Distanzierung von anderen Menschen und bildet den Gegenpol zu positiven und bindungsfördernden Emotionen, wie z.B. der sexuellen Lust. Dieses Gefühl wirkt regulierend auf das Erleben und die Äußerung von Sexualität. Ohne Schamgefühl wäre sexuelle Lust „hemmungslos". Zugleich beeinflußt die sexuelle Aktivierung steuernd auch das Schamgefühl. Ein Schamgefühl, das nicht der Einwirkung sexueller Impulse unterliegen würde, würde emotionale Nähe und Intimität zwischen Menschen verhindern. Die Libido und das Schamgefühl kontrollieren sich gegenseitig, genauer gesagt: Die Libido und das Schamgefühl wirken in gegenseitiger Kontrolle ausgleichend aufeinander ein.

3.3.2 Ärger/Wut/Aggressivität

Aggressivität ist eine gesellschaftliche Erscheinung und ein menschlicher Wesenszug. Aufgrund ihrer weitreichenden Wirkungen haben die Gesetzgeber versucht, Aggressionen vermittels Gesetzen einzudämmen. Im Strafgesetzbuch der BRD stehen über 250 „aggressive Verhaltensweisen unter Strafandrohung". Dabei wird Aggression als Interaktion definiert, in der jemand einem anderen gegenüber in feindlicher Absicht negativ intendierte Handlungen vornimmt. Es gibt Angreifer und Opfer. Dabei können sich die aggressiven Handlungen gegen Personen, Institutionen und Sachen richten. Jemand folgt seinem Angriffsimpuls und richtet das Angriffsverhalten absichtlich gegen Personen, Institutionen und Sachen. Obwohl Ärger/Wut die wichtigste Komponente der Aggression darstellt, kann man nicht jede Aggression auf das Gefühl des Ärgers oder der Wut zurückführen. Nicht jede Aggression beruht auf Ärger, und nicht jeder Ärger wird zur Aggression. Ärger und Wut, die in ein tatsächlich verletzendes und schädigendes Handeln münden, sind die Ausnahme. Wut und Ärger werden selten zu offener Aggression. Normalerweise werden diese Gefühle „still ausgetragen".

In Ärger und Wut äußert sich normalerweise das Streben nach Eigenständigkeit und Selbstbehauptung. Diese Emotionen „energetisieren" das Verhalten. Es werden Kräfte freigesetzt, die dem Handeln Nachdruck und die Durchschlagskraft geben, die nötig ist, um die eigenen Ziele zu erreichen, den eigenen Vorstellungen zu folgen.

Ärger und Wut erleichtern es, den eigenen Standpunkt zu vertreten und sich gegenüber anderen mit der eigenen Absicht durchzusetzen. Sie haben zudem im Zusammenspiel der Emotionen die Funktion einer Gegenkraft zu den eher aktivitätshemmenden und aktivitätsreduzierenden Gefühlen. Während Ärger und Wut Handeln mobilisieren, schränken Schuld- und Schamgefühle, Angst und negatives Selbstwertgefühl unsere Handlungsmöglichkeiten und Fähigkeiten ein. Ärger und Wut sorgen dafür, daß die handlungseinschränkenden Emotionen nicht zu stark werden, daß wir uns gegen die emotionalen Belastungen durch Schuld- und Schamgefühle usw. durchsetzen. So wie Ärger und Wut auf unsere aktivitätshemmenden Gefühle steuernd einwirken, so werden sie durch unsere Schuldgefühle, durch Scham und Angst usw. in Intensität und Ausdruck kontrolliert.

Das Gefühl Ärger/Wut wird in sozialen Kontakten zur Regulation von Dominanzpositionen herangezogen. So wie Ärger und Wut das Erreichen von Dominanz bewirken können, so können diese Gefühle auch die Dominanz eines anderen verhindern. Ein ausgewogenes Verhältnis der Emotionen zueinander zeigt die enge Verknüpfung von Ärger und dem negativen Selbstwertgefühl, dem Minderwertigkeitsgefühl. Verletzungen des positiven Selbstwertgefühls führen fast zwangsläufig zu einer Ärger- und Wutreaktion, die der erfahrenen Herabsetzung entgegenwirken soll. Umgekehrt können Minderwertigkeitsgefühle die Äußerung von Ärger und Wut einschränken.

3.3.3 Angst

Angst ist für uns eine typische emotionale Reaktionsform. Sie ist Bestandteil des menschlichen Lebens.

Als psychosomatisches Geschehen findet Angst ihren Ausdruck in Herzklopfen, zugeschnürter oder trockener Kehle, motorischer Unruhe, Zittern oder kaltem Schweiß. Angst kann sich allerdings auch hinter „betonter Sicherheit" verbergen. Sie kann sich in dem Erleben der Insuffizienz ebenso äußern wie in der Erfahrung mangelnder Lebensbewältigung. Angst ist nicht nur eine persönliche Gefühlsregung. Sie wirkt sich auch auf andere aus. Angst macht Angst. Persönliche und gesellschaftliche Sicherheit und Ordnung werden häufig durch Angst aufrechterhalten.

Im alltäglichen Leben ist Angst die „gängigste" negative Emotion. Sie signalisiert uns eine mögliche physische oder psychische Gefährdung. Als Realangst schützt sie uns vor Bedrohung. In Katastrophen- und Gefahrensituationen reagieren wir natürlicherweise mit Panik und Fluchtverhalten. Als Vitalangst signalisiert sie uns die Bedrohung unserer körperlichen Unversehrtheit, z.B. bei schwerer Erkrankung wie Sauerstoffmangel bei Coronarinsuffizienz.

Angst ist allerdings nicht nur ein Warnsignal bei Gefahr. Es antizipiert auch Bedrohung. Angst wird nicht nur durch einen realen Sachverhalt, sondern auch durch dessen mentale Repräsentation aktiviert. Sie tritt nicht erst auf während eines Überfalls, auch dessen Vorwegnahme als Befürchtung löst Angst aus.

Die Emotion „Angst" kann sich auf unterschiedliche Weise äußern. Phobien sind Ängste, die sich auf bestimmte Situationen und Objekte der Umwelt beziehen, wie z.B. die Angst, über einen freien Platz zu gehen oder mit einem Fahrstuhl zu fahren. Die freiflottierende Angst bezieht sich auf nichts Bestimmtes. Sie kann in jedem beliebigen Lebensbereich auftreten.

Die Emotion „Angst" wirkt mit anderen Emotionen zusammen. Angst allein könnte leicht dazu führen, daß wir uns aus vielen Realitätsbereichen zurückziehen und unseren Handlungsspielraum dadurch drastisch einschränken würden. Dem stehen die Emotionen „Neugier" und „Interesse" und damit das Bedürfnis entgegen, unsere Tätigkeitsbereiche und Handlungsräume auszuweiten, Neues zu entdecken, Gegenstände und Erscheinungen unserer Umwelt zu begreifen und sich mit ihnen auseinanderzusetzen. Wenn wir „gierig nach Neuem sind", richten wir unsere Wahrnehmung, unsere Aufmerksamkeit, unsere Gedanken und Handlungen auf die Bereiche der Wirklichkeit, die für uns wichtig sind, statt uns ängstlich zurückzuziehen.

Die Emotion „Angst" wirkt ebenfalls mit dem Gefühl „Ärger/Wut" zusammen. Angst wirkt auf die eigenen Ärger- und Wutreaktionen kontrollierend ein, wie auch Ärger und Wut balancierend auf das Gefühl der Angst einwirken.

3.3.4 Kummer

Kummer ist unsere Reaktion auf die Trennung von einer zentralen Bezugsperson. Kummer kann jedoch auch auftreten, wenn die Bindung mit Vertrautem, z.B. mit dem Wohnort, dem Wohnhaus, der Landschaft usw. aufgegeben werden muß oder verlorengeht. Die Emotion „Kummer" äußert sich auf charakteristische Weise. Wir heben die Augenbrauen hoch, legen die Stirn in Falten, die Mundwinkel ziehen sich nach unten und wir weinen. Die Äußerung kennt jeder, wie auch das Gefühl des Allein- und Verlassenseins, das sich als Kummer äußert.

Die Emotion „Kummer" ist funktional in die Erhaltung und Stabilisierung von persönlichen Bindungen einbezogen. Sie steuert Bindungsprozesse in der Kindheit wie im Erwachsenenalter.

Unsere intensivsten Kummerreaktionen zeigen wir im Alter von einem halben bis vier Jahren. In dieser Zeit ist die Bindung an die Eltern am stärksten. Danach erlangt ein Kind zunehmend Selbständigkeit. Man hat beobachtet, daß Kinder sich mit zunehmendem Alter räumlich immer weiter von den Eltern wegbewegen. Ein ein Jahr altes Kind entfernt sich normalerweise nicht mehr als sieben Meter von der Mutter. Ein zwei Jahre altes Kind entfernt sich bereits 15 m von ihr. Mit drei Jahren erkunden Kinder bereits ca. 17 m entfernte Objekte. Mit vier Jahren entfernen sich Kinder bis zu ca. 20 m von der Mutter. Je älter ein Kind wird, um so größer wird die Distanz, die es zwischen sich und die Mutter legen kann.

Die Möglichkeit der räumlichen Distanz reflektiert die mögliche innere Distanz, die ein Kind gegenüber den Eltern realisieren kann, bevor eine Kummerreaktion es zu ihnen zurückkehren läßt.

Nach der Pubertät sollte der Distanzierungsprozeß zwischen Eltern und Kindern abgeschlossen sein. Die Eltern sollten nicht mehr als Auslöser der Emotion „Kummer" fungieren. Ist das gelungen, so ist man in der Lage, andere Bindungen von entsprechender Intensität eingehen zu können.

Die Emotion „Kummer" kann mit anderen Emotionen interagieren. So können beispielsweise Freude und Kummer sich gegenseitig beeinflussen. Freude initiiert Bindungen, ist bindungsfördernd, provoziert emotionale Nähe und Attraktion. Kummer hält Bindungen aufrecht, indem ihre aversive Qualität die Lösung aus einer Bindung verhindert. Als Signal, das drohende Trennung anzeigt, als spezifische Reaktion auf eine Trennung ist Kummer der primäre Mechanismus zur Aufrechterhaltung emotionaler

Bindungen und ist damit gut geeignet, eine Balance zu den bindungsaufhebenden Emotionen „Neugier“ und „Interesse“ herzustellen.

3.3.5 Schuld

Das soziale Zusammenleben erfordert die Übernahme bestehender Werte und Normen in der Weise, daß sie als die eigenen wahrgenommen und erlebt werden. Es ist notwendig, daß die Mitglieder einer Gesellschaft gemeinsam annähernd gleiche Vorstellungen davon haben, wie ihr Kontakt, ihre Begegnungen zu regeln sind und wie sie sein sollten. Auf der Grundlage gemeinsamer Wertvorstellungen wissen wir im voraus, wie wir unsere Beziehung zu anderen zu gestalten haben und gestalten werden, und die anderen wissen ebenfalls, was sie erwarten können und was von ihnen erwartet wird. Wir müssen die Regeln kennen, nach denen in der Gesellschaft gehandelt wird, wir müssen die Grenzen akzeptieren, die im zwischenmenschlichen Kontakt nicht überschritten werden dürfen. Die Sicherung der gesellschaftlichen Verhältnisse und des persönlichen Lebens erfordert, daß die sozialen Beziehungen dauerhaft gestaltet werden. Dafür ist es nötig, den Mitgliedern der Gesellschaft nicht nur die Werte und Normen zu vermitteln, die das Zusammenleben regeln, sondern auch dafür zu sorgen, daß die geltenden Regeln eingehalten und beibehalten werden. Damit die ungeschriebenen und geschriebenen befolgt werden, kann die Gesellschaft über den Einzelnen äußeren Zwang ausüben. Die soziale Kontrolle wird dabei von den Institutionen ausgeübt, die jede Gesellschaft für diesen Zweck etabliert: Gerichte, um die Einhaltung der Gesetze sicherzustellen, Polizei und Gefängnisse, um die Verletzung gesellschaftlicher Regeln zu sanktionieren.

Im Bildungs- und Erziehungsprozeß, in sozialen Interaktionen, im realen Leben eignen wir uns nicht nur diese gesellschaftlichen Normen und Werte an, wir verinnerlichen ebenfalls, welchen Sinn sie haben, und daß wir mit Sanktionen rechnen müssen, sobald gesetzte Maßstäbe mißachtet werden. Wir lernen unabhängig von äußerer Kontrolle, Gebote und Verbote einzuhalten. Die verinnerlichten gesellschaftlichen Forderungen anderen gegenüber einzuhalten, die Regeln und Grundsätze des menschlichen Zusammenlebens zu beachten, wird als persönliche Verpflichtung erlebt.

Die Fähigkeit und Bereitschaft, den Normen und Werten zu entsprechen, wird allgemein als Gewissen bezeichnet. Das Gewissen stellt einen zentralen Verknüpfungspunkt zwischen Individuum und gesellschaftlicher Wirklichkeit dar. Als Regulationsmechanismus des Gewissens fungiert das Schuldgefühl. Es zeigt die Verletzung einer sozialen Verpflichtung oder Norm an. Das Schuldgefühl läßt den Betreffenden sich selbst als schlecht, verachtenswert und unmoralisch erleben. Häufig weicht derjenige, der sich schuldig fühlt, anderen aus, beispielsweise vermeidet er den Augenkontakt. Er hat das Gefühl, etwas Verbotenes getan zu haben, was Strafe erwarten läßt.

Das Schuldgefühl hat die Funktion, unmoralisches, verwerfliches Handeln anzuzeigen und zu hemmen. So bewirkt es beispielsweise die Hemmung aggressiven Verhaltens. Das Schuldgefühl engt den Handlungsspielraum ein. Allerdings wirkt die Emotion „Ärger/Wut“ einer zu starken Einschränkung der Handlungsmöglichkeit entgegen. Aggressive Impulse können Schuldgefühle auslösen, wie auch die Einengung durch Schuldgefühl Ärger und Wut hervorrufen kann. Während die Emotion „Ärger/Wut“ Aggression als Mittel der Behauptung und Selbstdurchsetzung ins Spiel bringt, verpflichtet das Schuldgefühl zu verantwortungsvollem, sozialem Handeln. Es scheint, als kontrollieren und balancieren sich die Emotionen „Schuldgefühl“ und „Ärger/Wut“ gegenseitig.

3.3.6 *Neugier/Interesse*

Diese Emotion richtet die Aufmerksamkeit länger andauernd auf neue, unbekannte und interessante Sachverhalte. Sie stellt eine unserer ersten emotionalen Verbindungen zur Welt dar. Mehr als jede andere Emotion ist sie Grundlage unseres Verhaltens. Sie stimuliert das Handeln.

Im Laufe unseres Lebens wird die Neugier immer selektiver. Sie wird mehr und mehr zu der emotionalen Reaktion auf Fremdes, Neues. Sie motiviert, das Neue, Überraschende, Geheimnisvolle aufzusuchen. Sie ermöglicht das kreative, spielerische und freundliche Umgehen mit den Dingen und Personen unserer Umwelt. Die Neugier ist ein Motiv unserer Welterkenntnis und Weltentdeckung. Sie ist Motiv unserer persönlichen Entwicklung.

Neugier interagiert mit anderen Emotionen. In Verbindung mit positiven Emotionen und sexuellen Impulsen wirkt die Neugier als Erregungskomponente. Sie verstärkt das angenehme, lustvolle Fühlen. Sie stimuliert die sexuelle Orientierung und Aktivität und wirkt in diesem Zusammenhang häufig bindungslösend.

Die Verknüpfung der Neugier mit den bindungsstabilisierenden Gefühlen des Kummers und der Angst sorgt dafür, daß eine zu starke, zu enge Bindung verhindert wird. Im Gegenzug schränken Angst und Kummer das Neugierverhalten ein und sorgen dafür, daß bestehende Bindungen erhalten bleiben.

3.3.7 *Ekel*

Die Emotion „Ekel“ läßt sich schon bei Neugeborenen beobachten. Während ein Baby auf einen süßen Geschmack und angenehmen Duft mit einem Lächeln reagiert, zeigt es bei bitterem Geschmack und unangenehmem Geruch den typischen Gesichtsausdruck des Ekels. Es kräuselt die Nase und zieht die Oberlippe hoch, als wolle es die Nasenlöcher verschließen. Es schließt die Augen fast vollständig. Der Mundwinkel wird nach unten gezogen und der Mund geöffnet. Die Zunge wird vorgeschoben, als wolle es das, was es als ekelhaft wahrnimmt, wieder loswerden.

Vor allem mit Geruchs- und Geschmackswahrnehmungen sind Ekelreaktionen verbunden. Das Ekelgefühl schützt uns vor verdorbenen und ungenießbaren Speisen. Der Ekel signalisiert einen unhygienischen Zustand. Würden wir das Ekelgefühl verlieren, wäre die Nahrungsaufnahme wahllos und zügellos. Andererseits würde der Ekel ohne die Impulse von Hunger und Durst die Möglichkeiten der Nahrungsaufnahme stark einschränken. Wir würden nur noch wenige Nahrungsmittel akzeptieren. Hunger und Durst schränken das Ekelgefühl ein, wie auch das Ekelgefühl es verhindert, daß den Impulsen von Hunger und Durst unkontrolliert und zügellos gefolgt wird. Ebenso wie andere Emotionen kann der Ekel seinen Funktionsbereich ausweiten und sich beispielsweise auf andere Personen, auf den eigenen Körper und auf die Sexualität beziehen. Beispielsweise unterbleibt ein intimer Kontakt, wenn die körperliche Nähe oder der Geruch des anderen als ekelhaft erlebt werden. Die Sexualität wird gehemmt, indem der Lustempfindung das Ekelgefühl entgegengesetzt wird. Das Ekelgefühl verhindert ebenso wie die Scham wahllose Sexualität. Andererseits reduziert das sexuelle Bedürfnis den Ekel. Lust- und Ekelgefühle kontrollieren sich gegenseitig.

3.3.8 Das Selbstwertgefühl

Das Selbstwertgefühl kann als die Emotion bezeichnet werden, die den größten Einfluß auf unsere Befindlichkeit hat. Es bestimmt unser Handeln in entscheidender Weise. Wir erfahren es als Gefühl der Anerkennung und Zufriedenheit mit der eigenen Leistung, als Überlegenheitsgefühl und als Gefühl des Triumphes. Wir kennen es aber auch als Minderwertigkeitsgefühl, als Gefühl der Demütigung, der Kränkung und Unterlegenheit. Das Selbstwertgefühl ist mit all seinen Facetten in jeden Lebensbereich, in jede Interaktion verwoben. Es motiviert uns zum Besserseinwollen, zu Konkurrenz und Rivalität. Es bildet die Grundlage der Selbstachtung, allerdings auch der Eitelkeit und Selbstverliebtheit. Es ist die Emotion, die den Wert der eigenen Person im Vergleich mit anderen anzeigt. Das Selbstwertgefühl ist ein inneres Signal für die Güte und Qualität der eigenen Person. Es ist eine Leistungsemotion.

Ein positives Selbstwertgefühl signalisiert einen höheren Wert im Vergleich mit anderen und gibt uns ein Gefühl der Überlegenheit, der Anerkennung, Bestätigung für das Getane. Das Erleben eines negativen Selbstwertgefühls signalisiert uns ein Gefühl der Minderwertigkeit im Vergleich mit anderen Personen.

Das Selbstwertgefühl wird in seiner Entwicklung entscheidend durch Elternhaus und Schule geprägt. Hier wird die Entwicklung dieses Gefühls direkt beeinflußt. Durch Zuwendung und Ablehnung, durch Beachtung und Mißachtung, durch Lob und Tadel können positive und negative Selbstwertgefühle provoziert werden. An keinem anderen Ort wird das Selbstwertgefühl so sehr beeinflußt wie in der Familie. Es reflektiert in spezifischer Weise den Wert, den uns andere geben. Emotionale Sicherheit in der Beziehung zu den Eltern ist für eine positive Selbstwertentwicklung entscheidend. Darüber hinaus wird die Qualität dieses Gefühls auch durch die Anerkennung bestimmt, die wir von anderen aufgrund unserer Leistung erhalten. Insbesondere während der Schulzeit wird der Leistungsaspekt des Selbstwertgefühls entwickelt, wird das Selbstwertgefühl im Hinblick auf die Erwartung von Versagen oder Erfolg orientiert, entwickelt sich die Überzeugung von der eigenen Kompetenz oder Inkompetenz. Persönliche Normen und Wertmaßstäbe beeinflussen ebenfalls die Entwicklung dieses Gefühls. Unrealistische Wertvorstellungen und Ziele können das Erreichte entwerten und das Selbstwertgefühl deformieren. Von besonderer Bedeutung für die Beibehaltung eines positiven Selbstwertgefühls ist die Fähigkeit, Mißerfolge und Niederlagen in der Weise zu verarbeiten, daß der Selbstwert erhalten bleibt. Ein konstruktiver Umgang mit Abwertung und Mißerfolg kennzeichnet ein stabiles, positives Selbstwertgefühl.

Das Selbstwertgefühl wirkt mit anderen Emotionen zusammen. So verknüpfen sich negative Selbstwertgefühle mit dem Gefühl der Angst.

Beispielsweise realisiert sich die Versagensangst häufig über Minderwertigkeitsgefühle und Gefühle der Selbstabwertung. Ärger- und Wutgefühle können ebenfalls eng mit Selbstwertgefühlen assoziiert sein. Manche Menschen reagieren auf Kritik oder beim Eindruck, von anderen mißachtet zu werden, mit Unterlegenheits- oder Minderwertigkeitsgefühlen, die von starkem Ärger begleitet sind. Dabei hat die aggressive Reaktion die Funktion, das Minderwertigkeitsgefühl zu reduzieren und ein positives Selbstwertgefühl hervorzurufen. Andererseits kann das Unterlegenheitsgefühl auch ärgerreduzierend wirken. Ärger und Minderwertigkeitsgefühle können balancierend aufeinander einwirken. Überhöhtes Selbstwertgefühl interagiert mit Depressionen. Dabei wirken beide Gefühlslagen in der Weise aufeinander ein, daß in dem einen Fall das Gefühl der Grandiosität die Depression beendet und im anderen Fall die Depression das Gefühl der Grandiosität ablöst.

3.3.9 Freude

Freude ist ein Synonym für Glück und Zufriedenheit. Als Bindungsemotion schafft sie Nähe und Vertrauen. Sie benötigt allerdings auch die Vertrautheit von Menschen und Situationen. Freude wird in Beziehungen erfahren, die durch Zuwendung und Wärme charakterisiert sind. Sie kann sich in unserem Lachen oder Lächeln äußern. Lachen als Ausdruck von Freude verbindet und gibt unseren Beziehungen zu anderen emotionale Tiefe.

Als Emotion, die das Gefühl der Zusammengehörigkeit schafft, ist sie für die persönliche Entwicklung wesentlich. Kinder benötigen das Gefühl der Freude. Sie verkümmern psychisch, wenn es den Eltern nicht gelingt, in der Familie eine Atmosphäre der Wärme und Liebe zu schaffen, eine Atmosphäre, in der Freude erlebt werden kann. Kinder brauchen „Nestwärme". Sie sind davon abhängig, daß die Eltern ihnen gegenüber die

Vertrautheit zeigen, in der sie ein liebevolles Miteinander erleben können. Gelingt das nicht, kommt es zu einem emotionalen Defizit.

Zur Deprivation von Freude führen unsichere Eltern-Kind-Beziehungen ebenso wie eine distanzierte, „frostige" Atmosphäre im Elternhaus. Insbesondere Heim- und Pflegekinder leiden häufig unter dem Mangel an Nähe und Vertrautheit. Allerdings können auch schmerzhafte, traumatische Erfahrungen, wie z.B. die Trennung von einem Elternteil oder der Verlust der Eltern, Mißhandlung und Mißbrauch dazu führen, daß Kinder sich dauerhaft gegenüber bindungsfördernden Emotionen wie Freude, Liebe und Nähe verschließen. Wird das emotionale Defizit über längere Phasen der Kindheit erlitten, so wird es für den Betroffenen im Erwachsenenalter schwer, sich ein Lebensumfeld zu gestalten, in dem er emotionale Nähe und Freude kontinuierlich erfahren kann. Wenn aufgrund belastender Erfahrungen die Fähigkeit, Freude zu empfinden, verlorengeht, erfährt man sich als unglücklich und einsam. Menschen, die emotional nah und vertraut waren, sind plötzlich fremd. Der Mangel an Liebe und Wärme wird überdeutlich wahrgenommen, dessen Ursache häufig nicht.

Im Verhältnis von Nähe und Distanz gehört Freude als nähestiftende Emotion zum Pol „Nähe". Am anderen Pol befinden sich Ärger/Wut, Scham und Neugier/Interesse. Während Freude das positive Erleben einer emotionalen Bindung fördert, wirken Ärger/Wut, Scham und Neugier/Interesse dem entgegen. Die Gefühle balancieren sich gegenseitig aus.

3.4 Emotionale Gegenkontrollsysteme

Der Übersichtlichkeit halber seien hier noch einmal kurz die Primäremotionen und ihre „Gegenspieler" zusammengefaßt:

Neugier/Interesse
bewirkt das Aufsuchen neuer Objekte und die Suche nach neuen Handlungsmöglichkeiten.

Ohne Furcht würde die Emotion Neugier/Interesse zu vielfältigen Gefährdungen führen.

Furcht
bewirkt vorsichtiges Herangehen an neue Objekte. Leicht furchterregende Objekte sind dabei oft besonders interessant.

Ohne Neugier/Interesse würde die Emotion Furcht lähmend wirken und den Aktionsradius einschränken.

Ärger/Wut
gibt Impulse zur Verteidigung bzw. zum Durchsetzen eigener Interessenpositionen.

Ohne Schuldgefühl und Angst würde die Emotion Ärger/Wut zu unübersehbaren sozialen Verletzungen führen.

Schuldgefühl und Angst
blockieren aggressives Verhalten, das andere Personen schädigen könnte.

Ohne Ärger/Wut würden die Emotionen Angst und Schuldgefühl einem Individuum die Fähigkeit nehmen, sich zu behaupten.

Sexuelle Lust
gibt Impulse zum Aufsuchen von Sexualpartnern bzw. zur Befriedigung sexueller Bedürfnisse.

Ohne Schamgefühl wird Sexualität „hemmungslos“.

Schamgefühl
blockiert sexuelles Verhalten dadurch, daß es die Übertretung von Schamgrenzen sanktioniert.

Ohne sexuelle Impulse würde das Schamgefühl Intimität unmöglich machen.

Hunger und Durst

geben die Impulse zur Nahrungs- und Flüssigkeitsaufnahme.

Ohne Ekel wäre die Nahrungs- und Flüssigkeitsaufnahme wahllos.

Ekel

verhindert den Genuß verdorbener Speisen und Getränke.

Ohne die Impulse von Hunger und Durst würde der Ekel den Kreis möglicher Nahrungsmittel sehr drastisch einschränken.

Freude

führt dazu, daß man sich (einem anderen) emotional öffnet und eigene Belange zurückstellt. Ohne Ärger wäre es schwer, wichtige eigene Interessen wahrzunehmen.

Die antagonistisch wirkenden Emotionen befinden sich normalerweise in einem Zustand der Balance. Kippt allerdings die emotionale Balance – aus welchen Gründen auch immer – und kommt es zur Dominanz einer Emotion, so kann ein dauerhaftes Ungleichgewicht eine psychische Destabilisierung herbeiführen.

Die psychotherapeutische Arbeit hat die Aufgabe, die innere Balance wiederherzustellen und psychische Stabilität herbeizuführen. Dazu ist es notwendig, die Komponenten des emotionalen Ungleichgewichts zu ermitteln, die beteiligten Emotionen zu bestimmen und deren destabilisierenden Einfluß aufzuheben. Wie bereits früher erwähnt, existieren Emotionen nicht in reiner Form. Sie realisieren sich in Ereignissen. Wenn davon gesprochen wird, daß die Komponenten des emotionalen Ungleichgewichts zu ermitteln sind, dann heißt es, die Geschehnisse zu erfassen, in denen sich die destabilisierend wirkenden Emotionen verwirklichen. Dabei geht es nicht primär um die Geschehnisse, die im Moment das emotionale Ungleichgewicht provozieren, sondern um die antagonistisch wirkenden Ereignisse, die ihnen wesentlich zugrunde liegen und die im Gedächtnis fixiert sind. Diese Ereignisse aufzudecken und deren Wirkung aufzuheben, ist ein Ziel therapeutischer Arbeit.

In den folgenden Therapieprotokollen werden Methoden dargestellt, mit der dieses Ziel erreicht werden kann.

3.5 Therapieprotokolle

3.5.1 Die erste Technik „Gegenspieler finden I"

KLIENT: Ich fühle mich seit längerer Zeit so deprimiert und niedergeschlagen, daß ich damit überhaupt nicht zurechtkomme. Vor zwei Wochen ging es mir so schlecht, daß ich dachte, ich würde es nicht mehr aushalten. Heute geht es mir nicht ganz so schlecht wie vor zwei Wochen. Ich fühle mich allerdings immer noch sehr niedergeschlagen und bedrückt.

ECKARD: Und wie möchtest Du Dich statt dessen fühlen?

KLIENT: Natürlich gut.

ECKARD: Kannst Du es Dir bitte einmal vorstellen, wie es ist, wenn Du Dich gut fühlst?

KLIENT: Nein, das kann ich nicht. Ich kann zwar allgemein mit Dir darüber sprechen, aber ich kann es mir nicht vorstellen. Ich weiß zwar, daß ich mich wohlfühlen möchte, aber mir das vorzustellen, das ist unmöglich. Das kann ich nicht. Vor zwei Wochen war ich bei einem Therapeuten, der hat mich genau so wie Du danach gefragt, wie ich mich fühlen möchte, was mein Ziel ist, woran ich merken werde, wann es mir gut geht usw. Diese Fragerei hat mich so belastet, daß ich zum Schluß dem Therapeuten gar nichts mehr sagen konnte. Wenn ich deprimiert bin – so wie jetzt auch –, dann bin ich froh, daß ich überhaupt etwas von meiner Umwelt mitbekomme. Vor zwei Wochen ging es mir so schlecht, daß ich große Schwierigkeiten hatte und wirklich dachte, ich würde damit nicht zurecht kommen, und als mich dann der Therapeut fragte, wie es mir geht und was ich möchte und ich nicht darauf antworten konnte, da war alles ganz aus. Es war schrecklich. Wenn ich mir vorstellen könnte, wie es wäre, wenn es mir gut geht, dann wär ich nicht mehr so niedergeschlagen und bedrückt. Also stell mir bitte nicht solche Fragen.

ECKARD: Dann stell Dir bitte jetzt einmal vor, wie es vor zwei Wochen war, als es Dir so sehr schlecht ging. Kannst Du das?

KLIENT: Wenn es sein muß. Natürlich kann ich das, das ist für mich leicht. Wenn ich mich dran erinnere, dann geht es mir allerdings wirklich wieder sehr schlecht.

ECKARD: Bitte erinnere Dich in der Weise an die Situation vor zwei Wochen, daß Du die ganze Szene aus der Position eines Beobachters wahrnehmen kannst. Verhalte Dich so, als wenn Du ein unbeteiligter Dritter wärst, und nimm Dich in der Szene als Hauptdarsteller wahr.

KLIENT: (Pause) Ich kann mich in der Situation dort als Hauptbeteiligten sehen. Ich sitze hier und bin der Zuschauer der Szene dort. Inmitten meiner Freunde, die sich angenehm und angeregt unterhalten, sitze ich bedrückt herum und sage kein Wort.

ECKARD: Ist die Erinnerung deutlich?

KLIENT: Ja.

ECKARD: Wie groß ist das Format der Erinnerung?

KLIENT: Die Szene hat Bildschirmgröße.

ECKARD: Sind die Konturen scharf?

KLIENT: Ja.

ECKARD: Ist die Erinnerung farbig oder schwarz-weiß?

KLIENT: Sie ist schwarz-weiß.

ECKARD: Und Du nimmst Dich dort als Beteiligter wahr?

KLIENT: Ja.

ECKARD: Jede Erinnerung hat ihren eigenen Platz. Wie weit ist der Ort, an dem diese Erinnerung sich befindet, von Dir entfernt?

KLIENT: Zirka eineinhalb Meter.

ECKARD: Wie Du weißt, befindet sich alles in einer Art von Gleichgewicht: Tag und Nacht, Morgen und Abend, hell und dunkel, groß und klein, Feuer und Wasser, richtig und falsch, Angst und Wut, Freude und Leid usw. Ob die Balance uns gefällt, das ist eine andere Frage. Wir erleben unterschiedlichste Gefühle. Dabei sind die Gefühle aufeinander bezogen. Sie befinden sich in einem Gleichgewicht miteinander. Das gilt beispielsweise für Angst und Wut, Freude und Leid, himmelhoch jauchzend und zu Tode betrübt. Angenommen, diese eineinhalb Meter entfernte Situation bildet den einen Pol eines Gleichgewichts, die eine Seite einer Balance. Wo ist der andere Pol, die andere Seite der Balance? Wenn wir davon ausgehen, daß Du die Achse in diesem Gleichgewichtsverhältnis darstellst, befindet sich der andere Pol links von Dir oder rechts von Dir, vor Dir oder hinter Dir?

KLIENT: Der andere Pol befindet sich hinter mir.

ECKARD: Und wie nah ist er Dir, wie weit ist er weg?

KLIENT: Der ist ziemlich weit weg. Der liegt ein ganzes Stück hinter mir.

ECKARD: Wie weit ist der Pol von Dir entfernt?

KLIENT: Das kann ich nicht genau sagen, ich schätze fünf bis zehn Meter.

ECKARD: Und was kannst Du dort hinter Dir wahrnehmen, da, wo der andere Pol sich befindet?

KLIENT: (Pause) Dort hinten befindet sich eine Szene, in der es turbulent zugeht.

ECKARD: Bist Du auch mit dabei?

KLIENT: Ja, ich sitze zwischen den anderen. Alle sind fröhlich.

ECKARD: Kennst Du die, die dabei sind?

KLIENT: Ja, die kenne ich. Es sind Freunde von mir. Wir sitzen alle unter einem Baum an einem großen Tisch und unterhalten uns und amüsieren uns köstlich.

ECKARD: Mach Dir bitte eine Kopie dieser Szene, in der Du Dich wohl fühlst, und nachdem Du das getan hast, bringe diese für Dich positive Szene entweder vor oder hinter die negative Ausgangssituation. Probiere bitte aus, was für Dich angemessen ist. Ist es Dir angenehm, die positive Situation vor die negative zu plazieren oder dahinter?

KLIENT: (Pause) Davor!

ECKARD: Und wie geht es Dir, bezogen auf die negative Ausgangssituation?

KLIENT: Gut!

Fragen der Teilnehmer

ULLA: Kann es passieren, daß sich die aufgedeckte, positive Szene nicht vor oder hinter die negative Ausgangssituation bringen läßt?

ECKARD: Ja, in der Weise äußern sich gewöhnlich Einwände oder einschränkende Glaubenssätze.

ANNE: Ich konnte zwar die aufgedeckte, positive Szene zu der Problemsituation bringen, allerdings war es mir unangenehm, die positive Szene vor der anderen zu plazieren. Ich plazierte sie dahinter und dann veränderte sich die Problemsituation.

ECKARD: Die Erfahrung, die Du gemacht hast, werden sicherlich viele gemacht haben. Jeder hat für sich herauszufinden, wo die positive Szene zu plazieren ist, damit sie optimal wirkt.

MANFRED: Ich habe es wie der Klient gemacht. Ich habe die positive Szene vor die Problemsituation plaziert. Allerdings trat nicht der erwartete Erfolg ein, statt dessen verblaßte die positive Situation und die Problemsituation wurde sehr deutlich. Was bedeutet das?

ECKARD: Darin kann sich ein Einwand äußern. Wenn das allerdings nicht der Fall ist, dann ist zu überprüfen, ob es zu dem Pol, an dem sich die Problemsituation befindet, noch einen weiteren Gegenpol gibt. Dazu muß man sich fragen: Angenommen, es gibt zu der Problemsituation noch einen anderen Gegenpol als den, den Du bereits gefunden hast, wo befindet sich dann der andere, links von Dir, rechts von Dir, vor Dir oder hinter Dir? Dabei mußt Du berücksichtigen, daß Klienten die Gegenpole, die sich vor oder seitlich von ihnen befinden, meist problemlos wahrnehmen, daß sie sich aber oft scheuen, auch die hinter ihnen liegenden zu registrieren. Gerade das sind aber häufig die entscheidenden.

Um jede Unsicherheit für Dich und den Klienten auszuschalten, frage ihn dann: Angenommen, es gäbe zu der Problemsituation einen Gegenpol, der sich hinter Dir befindet, wo wäre er dann? Verneint der Klient dann die Existenz eines solchen Gegenpols, dann kannst Du beruhigt sein und Dich auf den Gegenpol beziehen, den er Dir dann präsentiert.

Nachdem der zweite Gegenpol und die dazu gehörige positive Szene aufgedeckt worden sind, bringe die zweite positive Szene zu der ersten positiven Szene. Es kann allerdings nützlich sein, eine positive Szene vor und eine hinter die Problemsituation plazieren zu lassen und danach den Klienten zu bitten, sich den drei Szenen nacheinander zu assoziieren. Bitte den Klienten, die Szenen mehrmals assoziiert zu durchlaufen (mindestens sechsmal), zuerst langsam und dann immer schneller, von der ersten durch die zweite in die dritte und zurück von der dritten durch die zweite in die erste.

Eine weitere Möglichkeit, die von Dir dargestellte Situation zu verändern, besteht darin, die aufgedeckte positive Szene nach vorn zu bringen, ihr dort den angemessenen Platz zuzuweisen, danach den ihr zugehörigen negativen Gegenpol zu finden, die dazu gehörige negative Szene aufzudecken, vermittels geeigneter Techniken zu verändern und dadurch die positive Szene sozusagen „zu stärken" und dann die „gestärkte" positive Szene – falls es noch nötig sein sollte – vor die Problemsituation oder dahinter zu plazieren. Wird dieses Vorgehen gewählt, dann löst sich normalerweise allerdings die Problemsituation mit der „Stärkung" der positiven Szene auf.

Statt die aufgedeckte positive Szene nach vorn zu bringen, kann man auch die darin enthaltenen Ressourcen visuell, kinästhetisch oder akustisch symbolisieren und sie dann in die negative Ausgangssituation in angemessener Dosierung einfließen lassen.

Angenommen, der Ort des positiven Gegenpols wäre gefunden, dann kann es dennoch passieren, daß die Szene, die sich dort befindet, nicht so schnell bewußt wird oder bewußt gemacht werden kann. Dann kann man probeweise eine Kopie der Szene, die sich an dem negativen Pol befindet, an den Ort des positiven Gegenpols bringen. Das kann a) dazu führen, daß die Szene, die sich dort an dem Gegenpol befindet, bewußt wird, b) daß sich die dorthin transportierte negative Szene derart verändert, daß sie selbst als Gegenpol fungieren kann. Um sie in dieser Funktion zu stabilisieren, ist es häufig nützlich, die visuellen Merkmale (Submodalitäten) der Szene oder des Bildes zu verändern, z.B. die Szene heller, größer, weiter zu machen, d.h. die akustischen Submodalitäten zu ändern, eventuell Geräusche leiser oder lauter werden zu lassen, in der

Szene befindliche Personen mehr in den Vordergrund oder Hintergrund zu rücken usw.

Zusammenfassung der Technik „Gegenspieler finden I"

1. Identifiziere eine Problemsituation.
2. Dissoziiere Dich von dieser Situation und betrachte sie aus der Position eines unbeteiligten Zuschauers. Sieh Dir die Szene als Film an, in dem Du eine Hauptrolle spielst.
3. Definiere die Problemsituation als Pol, als eine Seite einer emotionalen Balance und bestimme die Merkmale der Szene, insbesondere Format, Farbigkeit und Entfernung.
4. Lege den dazugehörigen Gegenpol fest. Definiere Dich als Achse eines emotionalen Gleichgewichts, einer emotionalen Balance. Bestimme, ob der Gegenpol sich vor oder hinter Dir, links oder rechts von Dir, über oder unter Dir befindet und registriere seine Entfernung von Dir. Um den Ort des Gegenpols festzustellen, nutze – falls nötig – das „as-if-frame".
5. Orientiere Deine Wahrnehmung auf den Ort des Gegenpols und nutze das „as-if-frame" zur Aufdeckung der dazugehörigen positiven Szene.
6. Kopiere die aufgedeckte, neue Szene und bringe die Kopie vor oder hinter die Problemsituation und registriere deren positive Veränderung.

3.5.2 Die zweite Technik „Gegenspieler finden II"

KLIENT: Wenn ich ehrlich bin, dann geht es mir gar nicht so gut.

ECKARD: Weißt Du, weshalb?

KLIENT: An jenem Abend vor zwei Wochen, an dem es mir so schlecht ging, begegnete ich jemandem, der mir nicht so sympathisch ist, und an diesem Abend fand ich ihn besonders unangenehm. Dabei schätze ich ihn als kompetenten und klugen Kollegen. Da wir am gleichen Institut arbeiten, weiß ich, daß er sehr fleißig ist, daß seine Mitarbeiter ihn sehr schätzen. Auf Konferenzen ist er als Fachmann hoch angesehen. In den Institutsberatungen leistet er produktive Arbeit. Allerdings trauen sich nur wenige, öffentlich anderer Meinung zu sein als er. Und wenn jemand einmal anderer Meinung ist als er, dann kann er andere förmlich niederreden. Er ist sehr rechthaberisch und ein Workaholic, wie er im Buche steht. In der fachlichen Auseinandersetzung mit ihm fühle ich mich hilflos und unterlegen, und das ärgert mich natürlich.

ECKARD: Kommen solche Auseinandersetzungen häufig vor?

KLIENT: Nein, bisher gab es nur drei Situationen, und zwar zwei zu Beginn meiner Institutstätigkeit und eine vor einem Jahr. Das war die schlimmste, die ich je mit einem Kollegen hatte. Ich fühlte mich unberechtigterweise total unterlegen und war sehr wütend darüber. Seitdem meide ich diese Art von Konflikten.

ECKARD: Kannst Du Dich bitte einmal an die Situation vor einem Jahr erinnern?

KLIENT: Ja, das kann ich. Das war wirklich eine sehr unangenehme Situation für mich. (Der Klient schüttelt sich.)

ECKARD: Dann schieb die Szene bitte jetzt so weit weg, daß Du Dich in sicherer Entfernung von ihr befindest.

Klient: (Pause) Ich hab sie ein Stück von mir weggerückt.

Eckard: Ist die Szene deutlich oder undeutlich?

Klient: Sie ist deutlich.

ECKARD: Wie weit ist die Szene von Dir entfernt?

KLIENT: Die Erinnerung ist jetzt relativ klein, nachdem ich sie weggeschoben habe. Sie ist ungefähr drei Meter von mir entfernt.

ECKARD: Befindest Du Dich in sicherer Entfernung von ihr?

KLIENT: Ja.

ECKARD: Du kannst Dich dort in der Szene wahrnehmen?

KLIENT: Ja.

ECKARD: Nun schiebe bitte die Szene zur Seite, damit das, was sich hinter der Szene befindet, hervorkommen kann.

KLIENT: (Pause) Ja, jetzt taucht ein anderes unangenehmes Erlebnis auf. An die Situation kann ich mich gut erinnern. Da wurde ich von meinem älteren Bruder beschimpft, weil ich mich, seiner Meinung nach, rücksichtslos gegenüber meiner damaligen Freundin verhalten hatte. Ich hab damals überhaupt nicht verstanden, was an meinem Verhalten so schlimm gewesen sein soll, daß mein Bruder mich beschimpfte. Ich war damals sehr wütend auf ihn. Ich hatte das Gefühl, daß er mich nicht mehr mag.

ECKARD: Zur welchen Seite hast Du die Szene gerade geschoben, nach links oder nach rechts?

KLIENT: Ich hab die Ausgangsszene nach links geschoben.

ECKARD: Und kannst Du bitte jetzt die Ausgangsszene nach rechts schieben und dann darauf achten, was dann hinter ihr hervorkommt?

KLIENT: (Pause) Ich kann die Szene nicht nach rechts wegschieben.

ECKARD: Dann möchte ich Dich fragen. Was hast Du aus der Erfahrung gelernt, die Du in der Ausgangssituation gemacht hast?

KLIENT: Was ich daraus gelernt habe, darüber habe ich mir noch keine Gedanken gemacht.

ECKARD: Anscheinend möchte Dein Inneres, daß Du die gemachte Erfahrung würdigst, daß Du ihr in angemessener Weise begegnest. Ja, sag mal, was hast Du daraus gelernt aus dem Erlebnis?

KLIENT: (Pause) Mir fällt nichts ein.

ECKARD: Gar nichts, überhaupt nichts? Dir könnte also so eine Situation jederzeit wieder passieren?

KLIENT: (lacht) Natürlich nicht.

ECKARD: Und weshalb nicht?

KLIENT: Ich habe damals etwas unüberlegt gehandelt und es vielleicht gar nicht bemerkt. In eine solche Situation bringe ich mich nicht mehr.

ECKARD: Und weshalb nicht?

KLIENT: Ich gebe mir nicht mehr die Blöße und tue etwas unüberlegt. Ich gebe nur noch selten spontan Regungen nach. Im allgemeinen überlege ich mir genau, was bei dem herauskommt, was ich mache, wenn ich mich gefühlsmäßig engagiere. Ich finde es wichtig, die Folgen abzuschätzen, wenn man etwas tut. Mögliche Folgen muß ich im Griff haben oder zumindest bedacht haben, bevor ich mich gefühlsmäßig engagiere, insbesondere in der Öffentlichkeit.

ECKARD: Mit anderen Worten: Du hast eine ganze Menge gelernt.

KLIENT: Äh... (Pause) das stimmt. Die Erfahrung hat dazu beigetragen, daß ich gelernt habe, überlegt zu handeln und auf das zu achten, was ich tue und was ich damit bewirke, insbesondere bei anderen. Rückmeldungen von Freunden oder Kollegen auf mein Verhalten sind mir sehr wichtig geworden.

ECKARD: Bitte würdige das, was Du gelernt hast, und danach schiebe die Ausgangsszene in die andere Richtung, d.h. nach rechts. Achte bitte darauf, welche Szene Dir dann bewußt wird.

KLIENT: (Pause) Da taucht eine Szene auf, in der ist mein älterer Bruder mir gefühlsmäßig sehr nahe. Ich spüre, daß er mich lieb hat. Er spürt meine Hilflosigkeit und schützt mich vor ungerechtfertigten Beschuldigungen.

ECKARD: Wie sehr ist Dir diese Szene emotional gegenwärtig?

KLIENT: Sehr! Ich fühle sehr stark die Verbundenheit mit meinem Bruder. Ich fühle sehr stark seine Liebe.

ECKARD: Du hast die Ausgangsszene einmal nach links geschoben, und dahinter kam die Szene „Mein älterer Bruder mag mich nicht" zum Vorschein. Danach hast Du die Ausgangsszene nach rechts geschoben, und dahinter tauchte die Szene „Mein Bruder liebt mich" auf, nicht wahr?

KLIENT: Ja.

ECKARD: Wenn Du diese beiden Szenen voreinander oder hintereinander plazieren würdest, welche Szenenfolge wäre Dir angenehm? Wäre es Dir angenehm, die Szene „Mein Bruder mag mich nicht" vor die andere zu bringen oder dahinterzuschieben? Und laß Dir die Zeit, es herauszufinden.

KLIENT: (Pause) Ich würde die Szene „Mein Bruder mag mich nicht" vor die Szene „Mein Bruder liebt mich" bringen.

Eckard: Dann tu das bitte und achte darauf, was passiert.

KLIENT: Die Traurigkeit, die ich fühlte, weil mein Bruder mich nicht mag, ist weg. Die Szene, in der ich das Gefühl hatte, daß mein Bruder mich nicht mag, ist ganz klein geworden. Klein im Vergleich zur Szene, in der ich fühle, daß der Bruder mich liebt, mir emotional ganz nahe ist. Die vordere Szene ist durchsichtig geworden, und die positive Szene nehme ich ganz intensiv wahr im Unterschied zur anderen. Es macht nichts, daß mein Bruder mich manchmal nicht mag. Ich weiß, ich fühle es zutiefst, daß er mich in Wahrheit liebt, daß er mir gefühlsmäßig ganz nahe ist, daß wir emotional miteinander verbunden sind.

ECKARD: Und kannst Du nun bitte die Ausgangsszene vor die anderen beiden Szenen bringen? Was geschieht dann?

KLIENT: (Pause) Die Ausgangssituation ändert sich, und mein Gefühl ändert sich ebenfalls. Das Verhalten meines Kollegen ist für mich jetzt in Ordnung. Das unangenehme Gefühl hat aufgehört, obwohl er mir auf drastische Weise deutlich macht, daß ich mich zukünftig anders verhalten muß, als ich es tat. Er macht mir unmißverständlich deutlich, daß er mit meinem Verhalten unzufrieden ist, und ich kann es akzeptieren. Es ist für mich in Ordnung. (Pause) Das Gefühl, ungerecht behandelt worden zu sein, ist vorbei. Ich nehme das, was ich in dem Moment erlebe, auf eine angemessene Weise an.

ECKARD: Kannst Du Dir bitte noch einmal zur Kontrolle die Situation vergegenwärtigen, in der Du mit Deinen Freunden unter einem Baum an einem großen Tisch sitzt?

KLIENT: (Pause) Ich bin mitten in der Szene drin. Wir genießen es, miteinander fröhlich zu sein. (Pause) Das ist wirklich ein sehr gutes Gefühl.

ECKARD: Und kannst Du Dir bitte noch einmal die Situation vor zwei Wochen vergegenwärtigen? Es ging Dir damals sehr schlecht. Du bist damals sehr niedergeschlagen und bedrückt gewesen.

KLIENT: Die Szene ist ganz hell geworden. Ich sitze zwischen meinen Freunden und unterhalte mich angeregt mit ihnen.

ECKARD: Solltest Du diese Szene von außen als Zuschauer wahrnehmen und Dich dort in der Situation fröhlich zwischen den anderen sitzen sehen, dann versetze Dich bitte kurz in die Situation hinein und überprüfe, wie es Dir zwischen und mit den anderen geht.

KLIENT: Gut geht es mir. Ich bin zufrieden.

Fragen der Teilnehmer

AGNES: Kann das Ausgangsbild, die Ausgangsszene nur nach links und rechts verschoben werden?

ECKARD: Nein. Finde heraus, was geschieht, wenn das Ausgangsbild noch oben, nach unten und diagonal verschoben wird.

ALBERT: Deckt man bei dieser Technik immer sich gegenseitig kontrollierende Emotionen auf?

ECKARD: Nein, es passiert, daß sich in beiden aufgedeckten Szenen negative Emotionen realisieren. Normalerweise werden allerdings Szenen bewußt, in denen sich gegenseitig kontrollierende Emotionen realisieren.

SILKE: Und was machst Du, wenn nur negative Emotionen auftauchen, wenn sich in beiden aufgedeckten Szenen negative Emotionen äußern?

ECKARD: Ich versuche herauszufinden, welche positive Absicht dem zugrunde liegt. Ich überprüfe, ob sich darin ein Einwand äußert. Ich wende gegebenenfalls die Technik auf eine der beiden negativen Szenen an. Führt das zum erhofften Erfolg, nämlich daß die eine negative Szene sich zum Positiven verändert, dann sind ja wieder zwei Szenen vorhanden, in denen sich gegenseitig kontrollierende Emotionen realisieren, und ich kann die Technik weiter einsetzen. Ist dieses Vorgehen erfolglos, dann wechsle ich die Vorgehensweise und verwende dann eine der Techniken, die Du bereits kennst.

Es passiert auch, daß keine zwei Szenen aufgedeckt werden, sondern nur eine. Statt der zweiten Szene kann ein „Nichts“ auftauchen. Darin kann sich ein Einwand äußern, dem wir dann nachzugehen haben, oder eine Leerstelle. Handelt es sich um eine Leerstelle, dann können wir die Leerstelle mit einer Szene füllen, in der sich eine positive Emotion realisiert. Sollte es dagegen einen Einwand geben, haben wir uns dem natürlich zuzuwenden.

MICHAEL: Passiert es auch, daß sich die Ausgangsszene nicht verschieben läßt?

ECKARD: Ja, auch das kommt vor. Meist ist dies Hinweis darauf, daß die Ausgangssituation so bedeutungsvoll ist, daß sie nicht einfach zur Seite geschoben werden kann. In einem solchen Fall ist es nötig, das Geschehen in seiner Bedeutung für die betreffende Person angemessen und ausreichend zu würdigen. Es kann aber auch daran liegen, daß der Klient meint, diese Art des Umgangs sei seinem Problem nicht angemessen und führe nicht zu einer Lösung. Wenn er z.B. davon überzeugt ist, daß eine Veränderung nicht einfach sein kann, daß sie anstrengend und kompliziert sein muß, dann läßt sich das Ausgangsbild natürlich nicht verschieben. Oder wenn jemand glaubt, daß er die Möglichkeit und Fähigkeit, sein Erleben und Handeln zu kontrollieren, nicht hat und auch nicht erlangen wird, dann kann diese Veränderungstechnik nicht verwendet werden. Wir müssen dann vorher seine einschränkenden Überzeugungen ändern.

Ich möchte noch einmal auf das Thema Übertragung und Gegenübertragung zurückkommen. Ich hatte bereits eine Methode zum Umgang damit vorgestellt. (Siehe 1.6.1, Seite 22) Es gibt weitere, die genutzt werden können, sobald Übertragungen und Gegenübertragungen den therapeutischen Prozeß störend beeinflussen, z.B. die folgende: Bitte den Klienten, 1. sich ein Bild vom Therapeuten zu machen und es sich aufmerksam anzusehen, 2. dann den Blick ein wenig nach links neben das Therapeutenbild zu bewegen und aufmerksam das Geschehen zu registrieren, das bewußt wird, 3. zum Therapeutenbild zurückzukehren und es sich wieder aufmerksam anzuschauen und danach 4. die Augen ein kleines Stück nach rechts neben das Therapeutenbild zu bewegen und das Geschehen zu registrieren, das bewußt wird. Von den beiden bewußt gewordenen Szenen ist üblicherweise die eine emotional positiv, die andere emotional negativ „geladen". Bitte den Klienten, die beiden Szenen in der Weise hintereinander zu arrangieren, daß die positive Emotion erhalten bleibt. Das bedeutet normalerweise, daß die emotional positiv geladene Szene vor die andere plaziert wird. Danach laß den Klienten das Therapeutenbild vor die positiv geladene Szene plazieren. Beachte die positive Veränderung der Beziehung zwischen Therapeut und Klient. Zur Bewahrung seiner Ökologie laß den Klienten bitte mindestens drei Kontexte finden, in denen das Erleben der negativen Emotionen für ihn und andere Personen auch in Zukunft notwendig ist.

Sollte der Klient nicht in der Lage sein, sich ein Bild vom Therapeuten zu machen, genügt es oft auch, wenn er sich jeweils kurz den Therapeuten anschaut, bevor er nach links bzw. nach rechts blickt, um die assoziierten Geschehnisse aufzudecken. Nachdem ihm die jeweilige Vorstellung oder Erinnerung bewußt geworden ist, schiebt er die Bilder – wie bereits beschrieben – hintereinander und plaziert sie hinter den Therapeuten. Um ganz sicherzugehen, kann man auch die „akustische" Übertragung bewußt machen. Der Therapeut sagt etwas, der Klient hört am besten mit geschlossenen Augen auf dessen Stimme, ggf. auch auf die Worte des Therapeuten, und danach orientiert sich der Klient auf das, was er einmal links und einmal rechts vom Therapeuten intern akustisch wahrnimmt. Da er die Wahrnehmungen registiert, kann er, falls er wünscht, die dazugehörigen oder assoziierten visuellen Vorstellungen aufdecken und dann – wie bereits ausgeführt – vorgehen. Das weitere Vorgehen wird später dargestellt. (Siehe 4.3, Punkt 8 und 9 der Zusammenfassung der Technik „Perspektivenwechsel".)

Tip zum Schluß: Es ist immer nützlich bei diesem Vorgehen, positive Absichten zu ermitteln, die den Vorstellungen oder Erinnerungen zugrunde liegen, die sich links und rechts vom Therapeuten befinden. Danach sollte die positive Absicht aufgedeckt werden oder herausgefunden werden, die als gemeinsame positive Absicht den Absichten der jeweiligen Vorstellungen zugrunde liegt und übergeordnet ist. Dieses Vorgehen ist dann angebracht, wenn es dem Klienten nicht gelingt, die aufgedeckten Vorstellungen oder Erinnerungen in angemessener Weise hinter den Therapeuten oder dem Therapeutenbild zu plazieren. (Das weitere Vorgehen wird in 4.3.1 und Punkt 8 und 9 der Zusammenfassung der Technik „Perspektivenwechsel" dargestellt.)

Zusammenfassung der Technik „Gegenspieler finden II"

1. Identifiziere eine Problemsituation.
2. Dissoziiere Dich von ihr. Schau sie Dir aus der Position eines unbeteiligten Zuschauers an.
3. Schiebe die negative Szene zur Seite (z.B. nach links), damit die dahinter befindliche Szene deutlich werden kann. Würdige gegebenenfalls die deutlich gewordene Szene.
4. Bewege nun die Problemsituation in die andere Richtung (z.B. auf die rechte Seite), damit die Szene, die sich hinter ihr befindet, bewußt werden kann. Würdige das Bewußtwerden dieser Szene.
5. Plaziere die beiden bewußt gewordenen Szenen so vor- oder hintereinander, daß Du Dich damit wohl fühlst.
6. Plaziere abschließend die Problemsituation vor die anderen beiden Szenen und registriere deren positive Veränderung.

3.5.3 Die dritte Technik „Gegenspieler finden III"

KLIENT: Mein Vater ist vor zwei Monaten 80 Jahre alt geworden. Bis zu diesem Zeitpunkt lebte er allein in der eigenen Wohnung. Die eigene

Versorgung fiel ihm schon in den vergangenen Jahren sehr schwer, so daß er eine Haushaltshilfe benötigte. Da er sich seit etwa einem Jahr in seiner eigenen Wohnung sehr unsicher fühlte, kamen wir beide zu dem Entschluß, daß es besser sei, wenn er zu mir ins Haus zieht, und nun lebt er seit einigen Wochen bei mir. Er hat seine eigenen Räume, und es kommt täglich auch weiterhin eine Haushaltshilfe, die für ihn da ist. Er bekommt sein Essen ebenfalls täglich von einem Bringdienst. An den Wochenenden essen wir gemeinsam. In der Woche ist das nicht möglich, da bin ich bis abends spät in der Firma. Wir sehen uns nicht häufig, und das ist mir auch ganz angenehm. Das Verhältnis zu meinem Vater war nie locker und entspannt. Es war meistens sehr angespannt sogar. Seitdem er bei mir im Haus wohnt, spüre ich zeitweise eine große Wut ihm gegenüber, die ich nicht begreife, und zugleich fühle ich mich wegen ihm sehr erschöpft und verausgabt, was ich ebenfalls nicht begreifen kann. Auf die Dauer sind diese Gefühle für mich unerträglich und auch dem, was mein Vater für mich getan hat, nicht angemessen. Ich möchte meine Gefühlssituation ändern.

ECKARD: Gibt es so typische Situationen, in denen Du üblicherweise diese große Wut auf ihn hast?

KLIENT: Ja, ich habe mehrere solcher Situationen vor Augen, in denen ich ihn aus kleinstem Anlaß anschreie.

ECKARD: Bitte wähle eine typische Szene aus, und nachdem Du das getan hast (Der Klient nickt mit dem Kopf.), hebe bitte Deinen Blick ein Stückchen über diese Szene und lasse ihn darüber hinweg in die Ferne schweifen. Was kannst Du dann wahrnehmen?

KLIENT: Dann sehe ich einen kleinen Jungen, der in seinem Zimmer eingesperrt ist und mit den Fäusten gegen die Tür schlägt.

ECKARD: Kannst Du jetzt bitte hinter Dich blicken, und zwar auf den Ort, der dieser Szene gegenüber liegt. Was nimmst Du dann wahr?

KLIENT: Ich sehe, daß mein Vater mich durch das Türfenster beobachtet. Der Gesichtsausdruck meines Vaters ist undeutlich. Ich fühle mich unwohl bei seinem Anblick.

ECKARD: Kannst Du Dir bitte jetzt noch einmal die Situation anschauen, in der sich der kleine Junge befindet. Er ist eingesperrt und schlägt mit den Fäusten gegen die Tür. Vergegenwärtige Dir diese Szene bitte nochmal, und danach hebe Deinen Blick ein Stück über die Szene hinweg und lasse ihn dann wieder in die Ferne schweifen. Was fällt Dir dann ein?

KLIENT: Es taucht ein Brunnen auf, er ist ganz tief, er ist endlos tief und schwarz, es gibt kein Ende.

ECKARD: Was würde passieren, wenn da jemand hineinfallen würde?

KLIENT: Wenn da jemand hineinfallen würde, dann würde er endlos fallen.

ECKARD: Und was fühlst Du dabei?

KLIENT: Ein Gefühl der Hilflosigkeit. (Pause) Ich hatte früher oft so einen Traum, in dem ich endlos gefallen bin. Es war immer derselbe Traum. Jetzt erscheint er mir harmlos, aber früher bedrückte er mich sehr. Ich kann mich nicht daran erinnern, was im Traum geschah, ich kann mich nur noch an das Gefühl des Fallens erinnern.

ECKARD: Schau Dir jetzt bitte noch einmal den Brunnen an, und dann blicke bitte hinter Dich und schau auf den gegenüberliegenden Platz hinter Dir. Was läßt sich dort wahrnehmen?

KLIENT: Da ist ein kleiner Junge, der mitten in einem Garten steht und traurig ist. Dazu fällt mir ein, daß ich als Kind häufig allein und traurig war. Ich wollte nicht leben, ich hatte häufig den Wunsch, tot zu sein. (Pause) Das Fallen ist ein Ausdruck von Todeswünschen. Wenn ich als Kind in die Unendlichkeit gefallen wäre, was ich mir oft gewünscht habe, dann wäre alles Schlimme vorbei gewesen. (Pause) Wenn ich an meine

Kindheit denke, dann denke ich auch, daß ich froh bin, daß sie vorbei ist.

ECKARD: Kannst Du zu dem kleinen traurigen Jungen gehen und ihn trösten? Er wartet schon lange auf Dich. Erzähl ihm, wer Du bist, daß Du aus seiner Zukunft kommst, daß Du seit damals viel gelernt hast und daß Du da bist, um ihm zu helfen und für ihn dazusein. Tu alles, was Dir im Augenblick möglich ist, um ihm die Kraft und Zuversicht zu geben, die er benötigt in seinem Leben. Und nachdem Du das getan hast, laß es mich wissen.

KLIENT: (Pause) Es geht dem Kleinen besser als vorher, solange ich bei ihm bin und er mich ansieht. Sobald er allerdings den tiefen Brunnen, diesen dunklen, tiefen Brunnen sieht, wird er wieder traurig.

ECKARD: Kannst Du ihm sagen, daß wir uns auch darum kümmern werden und daß er sich bis dahin in eine sichere Entfernung zu dem begeben soll, was ihn traurig macht. Vorausgesetzt, er ist dazu bereit und macht das.

KLIENT: (Pause) Er geht etwas zurück, er entfernt sich. Er wirkt jetzt nicht mehr so traurig.

ECKARD: Jetzt schau Dir den tiefen, dunklen Brunnen an, und dann blicke über diese Szene hinweg und laß Deinen Blick in die Ferne schweifen, was läßt sich dann wahrnehmen?

KLIENT: Da fällt mir ein, was ich alles machen muß, und ich muß eine ganze Menge machen. Ich muß mit meinem Vater Essen gehen, ich muß für ihn einkaufen, ich muß mich mit ihm unterhalten, auch wenn ich keine Lust habe, ich muß mich am Wochenende mit ihm treffen, ich muß meine Wohnung saubermachen am Wochenende, ich muß meine eigenen Einkäufe tätigen, die Wäsche waschen, ich muß das Nötigste für mein Leben organisieren; und dann ist da ja noch meine Arbeit, um die ich mich zu kümmern habe. Da sind die vielen Akten, die ich bearbeiten muß, die Vorgänge, die ich zu bestimmten Zeitpunkten zu erledigen habe usw. Das ist alles zuviel für mich. Daß ich das alles als Zwang empfinde, dahinter steht natürlich mein Wunsch, daß ich was anderes tun möchte. Es gibt viele Dinge, die mich interessieren und zu denen ich nicht komme, weil ich keine Zeit dafür habe, weil ich ganz und gar verplant bin.

ECKARD: Kannst Du Dir diese verschiedensten Situationen vorstellen, das Einkaufen, das Essen mit Deinem Vater, das Erledigen der eigenen Arbeiten? Und nachdem Du das getan hast, hebe bitte die Augen wieder ein Stückchen über das Szenarium und laß den Blick darüber hinweg in die Ferne schweifen, was nimmst Du dann wahr?

KLIENT: Einen Großvater und seinen Sohn, das heißt, meinen Vater. Mein Großvater hat körperlich viel und hart gearbeitet, war aber weder erschöpft, noch hat er je gejammert. (Pause) Meine Erschöpfung kommt daher, daß meine Büroarbeit nicht einfach so geschafft werden kann mit körperlicher Anstrengung.

ECKARD: Kannst Du Dir Deine Büroarbeiten bitte vergegenwärtigen, was fühlst Du dann dabei, was fällt Dir dazu ein?

KLIENT: Um gut arbeiten zu können, darf ich nicht erschöpft sein, und ich kann sie auch nicht zwischen Tür und Angel machen.

ECKARD: Sondern?

KLIENT: Dafür benötige ich Zeit und innere Ausgeglichenheit. Ich komme allerdings zuwenig dazu, meine Arbeit inhaltlich gut vorzubereiten. Es gelingt mir zwar trotzdem ganz gut, die Arbeit zu bewältigen, es ist allerdings sehr anstrengend und verausgabend, so wie ich arbeite.

ECKARD: Und jetzt schau Dir bitte noch einmal Deinen Großvater und seinen Sohn an, Deinen Vater, der viel gearbeitet hat, der nie gejammert hat und auch nicht erschöpft und verausgabt war.

KLIENT: So habe ich das zumindest empfunden.

ECKARD: Schau Dir die Szene bitte an, und dann sieh genau in die entgegengesetzte Richtung hinter Dich. Was nimmst Du dann hinter Dir wahr?

KLIENT: Ich sehe mich dort und ich gucke ihn irgendwie mit Bewunderung an.

ECKARD: Wen? Den Großvater oder dessen Sohn oder beide?

KLIENT: Eh, (Pause) den Großvater und, wie ich jetzt merke, auch seinen Sohn, meinen Vater.

ECKARD: Kannst Du Dir bitte den dort ansehen, der den Großvater und den Vater bewundernd anschaut?

KLIENT: Ja.

ECKARD: Und nachdem Du das getan hast, hebe bitte leicht den Blick über diese Szene, über den bewundernd Schauenden, und laß den Blick über ihn hinweg in die Ferne schweifen. Was siehst Du dann?

KLIENT: Wenn ich über den hinwegschaue, der da in Bewunderung versunken ist, dann sehe ich, daß er anders geworden ist als sein Großvater und sein Vater.

ECKARD: Wenn Du den dort, der anders geworden ist als sein Großvater und sein Vater, anschaust, was ist mit dem? Was hat ihn anders werden lassen?

KLIENT: Der ist so wie ich. Wenn ich über mich da hinwegschaue, sehe ich Streiflichter aus meinem Leben. Da ist mein Werdegang. Das ist komisch, daß ich einerseits das Bild vom Großvater und meinem Vater vor mir habe und andererseits hinter mir was ganz anderes ist. Das geht nicht zusammen. Mit dem Leben meines Großvaters und meines Vaters wäre ich nicht zufrieden. Der Vergleich zwischen den beiden und mir stimmt nicht.

ECKARD: Kannst Du ihn, der bewundernd den Großvater und den Vater anschaut,bitten, sich umzudrehen und sich den eigenen Entwicklungsweg und Werdegang anzuschauen. Bisher hat er anscheinend das eigene Werden nicht gewürdigt. Möglicherweise hat er den eigenen Entwicklungsweg in seiner Besonderheit gar nicht richtig wahrgenommen und deshalb den Großvater und dessen Sohn bewundert. Bitte ihn, sich den eigenen Weg zu vergegenwärtigen. Was geschieht dann, sobald er das getan hat?

KLIENT: Er dort kriegt ein realistisches Verhältnis zu sich. Er bekommt ein wirklichkeitsnahes Bild von sich, von seinem Großvater und seinem Vater.

ECKARD: Was geschieht mit der Szene, in der sich Dein Großvater und Dein Vater befinden?

KLIENT: Das Ganze ist jetzt nicht mehr so gefühlsbesetzt für mich, sondern nüchtern. Die Bewunderung ist vorbei.

ECKARD: Und wie wirkt es auf das, was Du – wie Du sagst – machen mußt? Auf das Einkaufen, Wäschewaschen, Essengehen mit dem Vater usw.?

KLIENT: Durch meinen Werdegang als Junggeselle ist es mir möglich, das zu bewältigen, das sehe ich jetzt auch nüchtern.

ECKARD: Und wie fühlst Du Dich dabei?

KLIENT: Ganz gut, wenn ich mir überlege, was ich streichen kann, wie ich was dosiere, daß ich entscheiden kann, was ich wann mache und wie ich es machen werde usw. Ja, ich fühle mich ganz gut.

ECKARD: Bist Du ganz sicher, daß Du alles bewältigen wirst?

KLIENT: Ja, ganz sicher. Ich kann gut organisieren. Es ist alles eine Frage der Einteilung. Wenn ich mir allerdings keine Prioritäten setzen würde,

dann hätte ich natürlich mehr zu tun als früher.
ECKARD: Du hattest vorhin das Bild eines tiefen Brunnens vor Augen. Ist das noch vorhanden?

KLIENT: (Pause) Nein, es gibt keinen Brunnen mehr, sondern nur einen Tunnel, einen kurzen Tunnel, und am Ende des Tunnels kann ich Tageslicht wahrnehmen.

ECKARD: Beweg Dich bitte, so schnell es geht, mehrmals durch den Tunnel, von einem Ende zum anderen, und zwar so, daß Du Dich hier mit dem Tageslicht in den Tunnel hineinbegibst und auf der anderen Seite im Tageslicht herauskommst, und dann begib Dich dort mit dem Tageslicht in den Tunnel und komm wieder hier im Licht heraus. Wiederhole das zehnmal, damit Du Dich selbstverständlich durch den Tunnel bewegen kannst, und mach es, so schnell Du es kannst.

KLIENT: (Pause) Jetzt ist aus dem Tunnel ein im Licht stehender dunkler Torbogen geworden. Es ist ein dunkelgrauer Torbogen geworden, der im Licht steht.

ECKARD: Und was macht der kleine Junge?

KLIENT: Der lächelt.

ECKARD: Und kannst Du Dir jetzt bitte einmal den kleinen Jungen angucken, der in dem Zimmer eingesperrt war und mit den Händen gegen die Tür schlug?

KLIENT: Der sitzt in seinem Zimmer und spielt.

ECKARD: Und da gab es doch auch noch die Szene, in der der Vater durch das Türfenster guckte und seinen Sohn beobachtete. Was ist mit der Szene geschehen? Und Du hast seinen Gesichtsausdruck nicht wahrnehmen können, was ist mit dem geworden?

KLIENT: Der guckt ganz freundlich durch das Türfenster.

ECKARD: Du hattest Dir doch als Ausgangssituation eine typische Konfliktsituation mit Deinem Vater ausgewählt, was ist aus der geworden? Du hattest doch eine große Wut auf Deinen Vater, so daß Du ihn aus kleinstem Anlaß angeschrien hast. Was ist daraus geworden?

KLIENT: Es ist lächerlich.

ECKARD: Und nun?

KLIENT: Nun geh ich auf meinen Platz und setz mich hin.

Fragen der Teilnehmer

BILL: Ich bin irritiert, weil die Technik bei mir so problemlos funktionierte, im Gegensatz zu dem, wie es bei dem Klienten lief. Ich habe eine Problemsituation identifiziert, danach meinen Blick ein Stückchen über die Szene gehoben und ihn dann darüber hin in die Ferne schweifen lassen. In der Ferne konnte ich eine Szene wahrnehmen, die ich als Ressource-Szene für die Problemsituation nutzen konnte. Ich ließ die Ressourcen in angemessener Dosierung in die negative Situation einfließen, und die Problemsituation änderte sich zum Positiven. Geht es häufig so schnell, oder ist das die Ausnahme?

ECKARD: Wenn ich das wüßte! Ich kann dazu keine allgemeingültige Aussage machen.

BILL: Welche Komplikationen können bei dieser Technik auftreten?

ECKARD: Es können sich Einwände bemerkbar machen, die das Vorgehen erschweren oder verhindern. Ich habe Euch ja bereits darauf hingewiesen, daß Einwände sich auf unterschiedlichste Art zeigen können. Unser Unbewußtes ist sehr kreativ.

URSULA: Diese Technik, wie Du sie benutzt hast, ist ja sehr zeitaufwendig. Benutzt Du diese Vorgehensweise häufig?

ECKARD: Ich benutze sie häufig in Verbindung mit anderen Techniken. In reiner Form praktiziere ich sie selten. In der Arbeit mit dem Klienten ging es mir darum, Euch deutlich zu machen, daß, wenn es anfänglich auch nicht so erscheint, sich letztendlich eine emotionale Balance herstellt. Den negativen Emotionen werden kontrollierende, positive Emotionen gegenübergestellt.

Zusammenfassung der Technik „Gegenspieler finden III"

1. Identifiziere die Problemsituation.
2. Dissoziiere Dich von ihr. Sieh Dir die Szene als Film an, in dem Du eine Hauptrolle spielst.
3. Heb den Blick ein wenig über die Problemsituation und lasse ihn über sie hinweg in die Ferne schweifen. Nimm die dort befindliche Szene oder den dort befindlichen Sachverhalt wahr.
4. Enthält die wahrgenommene Szene oder der wahrgenommene Sachverhalt eine geeignete Ressource, dann symbolisiere sie, z.B. in einer Farbe oder in einem Ton, in einer Melodie usw.
5. Bringe die Ressource in angemessener Dosierung in die Problemsituation ein, bis diese sich zufriedenstellend geändert hat.
6. Enthält der von Dir wahrgenommene Sachverhalt, die von Dir wahrgenommene Szene keine Ressource, dann blick hinter Dich und überprüfe, ob die Szene, die sich spiegelbildlich zur vorn wahrgenommenen Szene hinter Dir befindet, eine Ressource enthält. Wenn ja, dann gehe vor wie im 4. und 5. Schritt. Wenn sie keine Ressource enthält, blick wieder nach vorn. Und sieh Dir dort die Szene an, die Du vorher wahrgenommen hast. Heb den Blick ein wenig über diese Szene und laß ihn darüber hinweg in die Ferne schweifen. Überprüfe

das auftauchende Bild oder die auftauchende Szene auf ihre Ressourcen.

7. Enthält auch diese neue Szene keine geeigneten Ressourcen, dann sieh wieder hinter Dich, registriere die dort befindliche Szene oder den dort befindlichen Sachverhalt, und heb dann den Blick ein wenig darüber hinweg und laß ihn in die Ferne schweifen und überprüfe das neu auftauchende Bild, die neu auftauchende Szene oder den neu auftauchenden Sachverhalt auf Ressourcen. Sind keine Ressourcen vorhanden, wende Dich wieder nach vorn um und wiederhole die Schritte 6 und 7 so lange, bis Du eine Szene, einen Sachverhalt oder ein Bild wahrnehmen kannst, das über die geeigneten Ressourcen verfügt. Dann folge Schritt 4 und Schritt 5.

4. Rollenverhalten und Perspektivenübernahme

4.1 Rolle und Rollenverhalten

Jedes Verhalten findet in einem bestimmten Rahmen statt. Wir handeln nicht im luftleeren Raum, sondern an einem bestimmten Ort, in einer bestimmten Umgebung, zu bestimmter Zeit, in bestimmter Weise, zu bestimmtem Zweck und in bestimmter Absicht. Wir handeln in einer konkreten Situation. Zur Situation gehört das, was für das Verhalten von Belang ist, was von den beteiligten Personen für das jeweilige Verhalten als wichtig erachtet wird. Eine Situation ist immer eine von jemandem so und nicht anders definierte Gegebenheit. Was eine Situation charakterisiert, hängt von dem ab, der als Beteiligter die für ihn relevanten Situationskomponenten auswählt und interpretiert. Es wird festgelegt, welche Faktoren als wesentlich anzusehen sind, welche Sachverhalte in die eigenen Annahmen einzubeziehen sind und welchen Annahmen andere Beteiligte wahrscheinlich folgen werden. Wir interpretieren die Situation anhand von Merkmalen. Dabei wird die Situation, in der wir uns befinden, normalerweise einem Situationstyp zugeordnet.

Wenn nicht fast jede Situation einem Situationstyp entsprechen würde, könnten Situationsinterpretationen nicht zügig erfolgen. Damit wäre schnelles und zielgerichtetes Handeln erschwert, unsere Kommunikation mit anderen wäre unsicher und langwierig. Wenn ich mich in einer bestimmten Situation befinde, frage ich nicht, wie verhalte ich mich jetzt in dieser Situation, sondern wie verhält man sich in solch einer Situation. Wir typisieren die unterschiedlichsten Gegebenheiten: Kurzzeitige

Begegnungen (z.B. ein Flirt), flüchtige Kontakte (z.B. ein small-talk auf einer Party) sowie intime Begegnungen (z.B. ein Rendezvous). Die Typisierung von Situationen wird von klein auf gelernt, sie geschieht gesellschaftlich festgelegt und bestimmt, in welcher Weise sich jemand seinem Gegenüber gegenüber verhalten sollte. Jedem Situationstyp ist ein Verhaltensrepertoire zugeordnet. Aus dem jeweiligen Situationstyp abgeleitete Verhaltensvorschriften bestimmen, welches Verhaltensrepertoire in welcher Situation realisiert wird. Es erübrigt sich die Frage danach, wie man sich selbst oder ein anderer sich in der gegebenen Situation verhält. Die Situation ist für alle Beteiligten klar. Verhaltensnormen bestimmen unser Vorgehen, unser Verhalten kann nicht beliebig sein. Wir haben Verhaltensvorschriften zu genügen, die den jeweiligen Situationstypen Rechnung tragen. In einer definierten Situation kann sich nicht jeder so benehmen, wie er will. Es gibt Verhaltensvorschriften, denen gemäß man sich zu verhalten hat. Solche Verhaltensregeln sind im Begriff der Rolle erfaßt.

Eine Rolle besteht aus einem Komplex von Verhaltensvorschriften in einer Situation. Da eine Rolle ein Komplex von allgemeinen Regeln ist, sind auch die Erwartungen, die wir an die Ausführung einer Rolle haben, nicht individuell. Die normativen Erwartungen an das Verhalten gelten ohne Ansehen der Person. Das bedeutet allerdings nicht, daß das praktizierte Verhalten unpersönlich sein muß. So wird beispielsweise die Rolle des Therapeuten nicht von jedem in gleicher Weise ausgefüllt. Therapeuten verhalten sich unterschiedlich. Daraus, daß die Therapeuten bestimmten Verhaltensformen folgen müssen und bestimmten Verhaltenserwartungen zu entsprechen haben, folgt nicht, daß sich alle Therapeuten gleich verhalten. Rollenhaftes Verhalten ist – bildlich gesprochen – in dem Maße gleichförmig, wie sich Menschen gleich sind. Obwohl Menschen in grundlegenden Merkmalen übereinstimmen, lassen sich dennoch Afrikaner von Europäern, Asiaten von Arabern, Cousin Waldemar von Vetter Fritz gut unterscheiden.

Allerdings können wir bei oberflächlichen kurzzeitigen Kontakten erleben, daß sich unsere Wahrnehmung auf das rollengemäße Verhalten unseres Gegenübers konzentriert, daß wir uns in unserer Wahrnehmung auf sein oder ihr Rollenverhalten beschränken. Wenn wir beispielsweise im Restaurant bezahlen wollen und nicht wissen, wer uns bedient hat, dann haben wir den Kellner auf seine Rolle reduziert, er ist nur Kellner gewesen. So wie wir Herrn X nur als Kellner wahrgenommen haben, so kann uns Herr X ebenfalls auf unsere Gastrolle reduzieren. Wir waren für ihn Gäste unter vielen. Es ist wahrscheinlich, daß Herr X, der Kellner, mich beim Restaurantbesuch im nächsten Monat als Gast begrüßen wird, aber von mir persönlich keine Notiz nimmt. Die Beziehung zwischen uns ist für ihn so unpersönlich, daß er den Träger der Rolle „Gast“ als austauschbar erlebt. Er wird mir die Aufmerksamkeit zukommen lassen, die ich von einem Restaurantkellner erwarten kann. Zugleich werde ich mich ihm gegenüber so verhalten, wie er es von einem Restaurantbesucher verlangen kann. Die Beschränkung auf das rollengemäße Verhalten findet meistens bei seltenen oder flüchtigen Kontakten statt.

Bei längeren oder intensiveren Beziehungen erleben wir die Beschränkung auf die vorgegebene Rolle als lästig und unpassend. Wir erwarten, daß unser Gegenüber sich als Mensch außerhalb seiner Rolle ganz persönlich zeigt. Wir erwarten, daß der andere in seinem Rollenverhalten auch persönliche Bedürfnisse einfließen läßt. Dabei kann es natürlich zum Konflikt zwischen individuellen Bedürfnissen und Rollenerwartung kommen. Ein Therapeut kann sich in eine Patientin verlieben, eine Lehrerin verliebt sich in einen Schüler. Es kommt zur Diskrepanz zwischen Rollennorm und persönlichem Bedürfnis. Die Fähigkeit, sich von gefordertem Rollenverhalten innerlich und äußerlich zu distanzieren, macht es möglich, Rollenkonflikte zu handhaben. Die Distanz unserer Rolle gegenüber läßt uns die Rollenhaftigkeit des Verhaltens erkennen. Wir können uns fragen, ob das gewünschte Verhalten uns entspricht oder ob wir es für sinnlos halten. Ich kann mich entscheiden, ob ich bewußt die Verhaltensvorschriften mißachte oder ich den Rollennormen verhaltensmäßig entspreche, während ich zugleich durch mein sonstiges Verhalten Rollendistanz signalisieren kann.

Wir folgen allerdings meistens Rollenerwartungen und Normen automatisch. Erst wenn Verhaltensregeln verletzt werden, werden uns die Vorschriften bewußt, die Normen, denen wir folgen. Im Restaurant setze ich mich an einen freien Tisch. Einen Augenblick, nachdem ich mein Essen bestellt habe, setzt sich ein Unbekannter an meinen Tisch. Er gibt seine Bestellung auf und erhält sein Essen vor mir. Erst in diesem Moment wird mir bewußt, daß der Kellner eine Verhaltensregel verletzt hat. In einem Restaurant gilt: Wer zuerst kommt, wird auch zuerst bedient. An der Intensität der Ärgerreaktion wird mir deutlich, wie sehr der Kellner die Norm, genauer meine Verhaltenserwartungen, verletzt hat.

Wie sehr Verhaltensnormen als natürlich erlebt werden, zeigt ein Sachverhalt, den Watzlawick erwähnt. *„Unter den während des Krieges in England stationierten amerikanischen Soldaten war die Ansicht weit verbreitet, die englischen Mädchen seien sexuell überaus leicht zugänglich. Merkwürdigerweise behaupteten die Mädchen ihrerseits, die amerikanischen Soldaten seien übertrieben stürmisch. Eine Untersuchung, an der u.a. Margaret Mead teilnahm, führte zu einer interessanten Lösung dieses Widerspruchs. Es stellte sich heraus, daß das Paarungsverhalten vom Kennenlernen der Partner bis zum Geschlechtsverkehr in England wie in Amerika ungefähr 30 verschiedene Verhaltensformen durchläuft, daß aber die Reihenfolge dieser Verhaltensformen in den beiden Kulturbereichen verschieden ist. Während z.B. das Küssen in Amerika relativ früh kommt, etwa auf Stufe 5, tritt es im typischen Paarungsverhalten der Engländer relativ spät auf, etwa auf Stufe 25. Praktisch bedeutet dies, daß eine Engländerin, die von ihrem Soldaten geküßt wurde, sich nicht nur um ein Großteil des für sie intuitiv „richtigen" Paarungsverhaltens (Stufe 5 bis 24) betrogen fühlte, sondern zu entscheiden hatte, ob sie die Beziehung an diesem Punkt abbrechen oder sich dem Partner sexuell hingeben sollte. Entschied sie sich für die letztere Alternative, so fand sich der Amerikaner einem Verhalten gegenüber, das für ihn durchaus nicht in dieses Frühstadium der Beziehung paßte und nur als schamlos zu bezeichnen war."*

Es ist den Partnern unmöglich, den Beziehungskonflikt aufzulösen, da ihnen weder die Verhaltensnormen noch deren kulturbedingte Unterschiede bewußt sind. Die Einsicht in ihr Sexualverhalten ist den Liebenden emotional verwehrt. Ansonsten würden sie feststellen können, daß sie nicht ihren Gefühlsregungen, sondern jeweils unbewußt gesellschaftlich geforderten Verhaltensregeln folgen, die sie gelernt haben.

Man folgt Verhaltensnormen größtenteils unbewußt. Deren Vorhandensein und Wirkungsweise bleibt uns normalerweise verborgen. Die Selbstverständlichkeit, mit der wir Verhaltensvorschriften genügen und Erwartungen entsprechen, gibt uns ein Gefühl der Freiheit. In Wirklichkeit ist die Einhaltung von Normen durch gelernte Einstellungen häufig derart abgesichert, daß es großer Anstrengung bedarf, um die Normen zu brechen.

Im Rahmen von Experimenten zur Rolle des Fahrgastes sollten Studenten in der U-Bahn Fahrgäste ohne Begründung um ihren Platz bitten. Ein einziger Student erklärte sich bereit, Fahrgäste um ihren Platz zu bitten. Und obwohl etliche Fahrgäste wortlos ihren Platz aufgaben, nachdem der Student sie angesprochen hatte, war er nach kurzer Zeit außerstande, der freiwillig übernommenen Aufgabe weiter nachzukommen. Daraufhin unterzog sich der Projektleiter selbst dem Experiment. Erst nach mehreren erfolglosen Versuchen, bei denen er wie erstarrt und sprachlos vor dem sitzenden Fahrgast stand, gelang es ihm, den Fahrgast anzusprechen. Im folgenden die Beschreibung des Projektleiters:

„Entschuldigen Sie, mein Herr, dürfte ich Ihren Sitzplatz haben?" Einen Moment lang hatte ich das panische Gefühl, ich löste mich auf. Der Mann hingegen stand ohne weiteres auf und gab mir seinen Sitzplatz. Aber das war noch nicht alles. Als ich mich auf den Platz des Mannes gesetzt hatte, drängte alles in mir, mich so zu verhalten, daß meine Bitte im nachhinein verständlich erscheinen würde. Mein Kopf sank nach vorne über, und ich spürte, wie mein Gesicht bleich wurde. Ich spielte das nicht in diesem Moment. Ich fühlte mich so, als ob ich jeden Moment sterben würde. Der Spielraum der Rolle „Fahrgast" scheint groß zu sein, aber in Wirklichkeit ist der Rahmen sehr fest. Er besteht nicht aus vagen Vorschriften, sondern aus ganz detaillierten Verhaltensvorschriften.

Es wird häufig angenommen, daß Rollennormen dem „Rollenspieler" einen Spielraum für persönliche Ausgestaltung lassen.

Das ist jedoch nicht der Fall. Der Spielraum der Rolle „Fahrgast" zum Beispiel ist nur auf den ersten Blick groß. Der Rahmen, den die Rolle setzt, ist sehr rigide. Er besteht aus detaillierten Verhaltensvorschriften, beispielsweise darf man sich nicht zu nahe neben einen Fahrgast stellen oder sich nicht an den nebenan sitzenden Fahrgast anlehnen.

Rollen lassen uns einen weitaus geringeren Spielraum an Handlungsfreiheit, als allgemein angenommen wird. Solange wir unser Verhalten ungefragt akzeptieren, solange uns nicht klar ist, daß Rollenvorschriften unser Verhalten bestimmen, solange ist man gefangen, ohne es zu wissen. Macht man sich die Situation bewußt, so zeigt sich schnell, daß Rollenvorschriften uns Verhalten aufzwingen. Der Zwangscharakter der Rollen kann allerdings nicht nur das belastende Gefühl vermitteln, dem eigenen Verhalten ausgeliefert zu sein. Die Möglichkeit, selbstverständlich, ohne nachzudenken, handeln zu können, kann auch ein Gefühl der Sicherheit geben. Die Frage nach der Legitimität des eigenen Verhaltens unterbleibt. Die Frage nach dem Verhalten meines Gegenübers entfällt ebenfalls. Ohne selbstverständliches, normengeleitetes Verhalten wären wir überfordert. Eine störungsfreie Kommunikation wäre unmöglich.

Wie jedes menschliche Verhalten muß auch das Rollenverhalten gelernt werden. Wir lernen im Prozeß der Sozialisation, daß unser Verhalten immer in bestimmten Situationen stattfindet, daß es sich auf bestimmte Kommunikationspartner bezieht und normengeleitet ist. Dabei sind die Interaktionspartner in der Weise aufeinander bezogen, daß sie nicht nur die für sie geltenden Rollenvorschriften kennen, sondern auch die Normen, denen ihr jeweiliges Gegenüber zu folgen hat. Die Verhaltensvorschriften und Verhaltenserwartungen der Beteiligten sind so aufeinander abgestimmt, daß normalerweise eine reibungslose Interaktion möglich ist.

Erwartungen und Verhaltensannahmen sind zentrale Bestandteile jeder Interaktion. Ich mache mir ein Bild davon, wie sich der andere verhalten wird, was der andere will, was er beabsichtigt, wie er mich sieht und wie er mein Verhalten erlebt. Gleichzeitig ist mir klar, daß der andere in bezug auf mich das Entsprechende tut, er fragt sich, was ich will, was ich beabsichtige, wie ich mich verhalten werde und was ich von ihm halte, wie ich sein Verhalten erlebe und wie ich auf sein Verhalten reagieren werde usw. Es geht erstens darum, die Handlungsorientierung des jeweils anderen zu erkennen und herauszufinden, wie und warum er sich verhält, und es geht zweitens darum, die Handlungsorientierung des Gegenübers in meine eigenen Handlungen produktiv einzubeziehen. Die Fähigkeit, in die Rolle des anderen schlüpfen, sich in ihn hineinversetzen, den Blickwinkel, die Perspektive des anderen übernehmen zu können, ist Voraussetzung für jede reibungslose Kommunikation.

4.2 Die Fähigkeit der Perspektivenübernahme und deren Entwicklung

Die Fähigkeit der Perspektivenübernahme ist für große Bereiche unseres Sozialverhaltens wichtig. Sie bestimmt unsere Kommunikationsfähigkeit ebenso wie die Befähigung zur Lösung von Kommunikationsproblemen. Sie ermöglicht moralisches Handeln, läßt uns die Gefühle anderer verstehen und mitfühlen.

Die Fähigkeit zur Perspektivenübernahme unterliegt einer jahrelangen Entwicklung. Im Alter von drei bis sechs Jahren können Kinder zwar zwischen sich und anderen unterscheiden, sie können jedoch nicht zwischen verschiedenen Standpunkten unterscheiden. Sie sind nicht in der Lage, zwischen der fremden Auslegung eines sozialen Verhaltens und dem Blickwinkel, den sie selbst für richtig halten, zu differenzieren. Die Unfähigkeit, zwischen divergierenden Standpunkten unterscheiden zu können, macht es den Kindern unmöglich, sie zueinander in Beziehung zu setzen. So kann ein Kind beispielsweise der Mutter zum Geburtstag Geleefrüchte schenken, nicht, weil es selbst sie mag oder meint, daß die

Mutter sie gern essen würde, sondern weil „man" so etwas mag. Das Kind reflektiert weder über die eigenen noch über die Gedanken anderer. Es bleibt auf der egozentrischen Stufe. Es ist in seiner Sichtweise gefangen. Es erkennt nicht, daß die Gedanken und Gefühle anderer von den eigenen verschieden sein können. Das Kind betrachtet seine eigene Perspektive in jedem Augenblick als absolut. Auf der egozentrischen Stufe können Kinder die Gefühle anderer, zum Beispiel deren Traurigkeit, deren Ärger und Fröhlichkeit nur in den Situationen wahrnehmen und erfassen, in denen sie selbst traurig, fröhlich oder ärgerlich reagieren. Dabei beurteilen sie den Gefühlszustand des anderen aufgrund des wahrnehmbaren Verhaltens. So wird z.B. Traurigkeit aus Klagen und Weinen erschlossen. Auf dieser Stufe der Perspektivenübernahme sind Kinder noch nicht in der Lage, das Verhalten einer Person z.B. aus deren Intentionen zu erklären oder aus deren Motiven abzuleiten.

Sechs bis acht Jahre alte Kinder begreifen, daß Menschen unterschiedlich denken und fühlen, weil sie sich in unterschiedlichen Situationen befinden oder weil sie unterschiedliche Erfahrungen haben. Kinder in diesem Alter verstehen, daß man ein Geschehen unterschiedlich interpretieren kann. Allerdings sind sie nicht fähig, die eigene Sichtweise beizubehalten und sich gleichzeitig in die Lage des anderen zu versetzen, um das eigene Verhalten aus dem Blickwinkel eines Gegenübers einzuschätzen bzw. das Verhalten des anderen aus dessen Perspektive zu beurteilen. In dieser Entwicklungsphase begreifen wir zwar, daß Menschen sich voneinander unterscheiden, daß jeder sich als vom anderen verschieden wahrnimmt, es ist uns allerdings nicht möglich zu begreifen, daß wir uns im Verhältnis zueinander als andere zu betrachten haben. Ein Kind dieser Altersstufe kennt nur eine Perspektive, die „richtig" ist. Das Kind realisiert zwar, daß sein Gegenüber einen Sachverhalt aus einem anderen Blickwinkel wahrnimmt und daß die verwendete Perspektive in dessen Denken und Fühlen eingebettet ist, es kann auch wahrnehmen, daß die Perspektive der eigenen Sichtweise gleicht oder sich von ihr unterscheidet. Sechs- bis achtjährige Kinder können jedoch nur einer Perspektive folgen. Sie nehmen an, daß nur eine Perspektive richtig sein kann, obwohl es das Vorhandensein unterschiedlicher Blickwinkel anerkennt. Sie übernehmen im allgemeinen die Perspektive des Größeren, des Mächtigeren, die der Autorität. Und das, obwohl sie verstehen, daß man Ereignisse unterschiedlich interpretieren kann. Kinder dieser Altersgruppe begreifen, daß eine Person auch über wertende Fähigkeiten verfügt. Sie erkennen an, daß unserem Handeln Absichten zugrunde liegen können, daß zwischen absichtlichem und unabsichtlichem Verhalten zu unterscheiden ist. Sie haben eine Vorstellung davon, daß Absichten persönliche Entscheidungen und Motive zugrunde liegen.

Ein acht- bis zehnjähriges Kind weiß, daß jeder persönlichen Absichten folgt und eigene Wertmaßstäbe besitzt. Es erkennt, daß Menschen demnach unterschiedlich fühlen, denken und handeln und aufgrund dessen keiner seine Sicht der Dinge als absolut richtig oder allgemeingültig, allein wahr bezeichnen kann. Darüber hinaus sind Kinder dieser Altersgruppe fähig, das eigene Verhalten und die eigene Motivation aus einem fremden Blickwinkel, d.h. von außen, zu überdenken. Sie sind zudem in der Lage, die Reaktionen des Gegenübers auf ihre eigenen Absichten und Motive vorwegzunehmen. Sie wissen, daß jeder sich in die Lage des anderen versetzen kann, so daß es möglich ist, sein Gegenüber einzuschätzen und dessen Absichten, Motive und Handeln zu beurteilen.

Es ist einem acht- bis zehnjährigen Kind bewußt, daß jedem von uns die Perspektive des anderen präsent ist und daß dieses Wissen jeweils die Sicht von uns selbst wie die vom anderen beeinflußt. Ein Kind dieser Altersstufe ist allerdings unfähig, seine Interaktionen aus dem Blickwinkel eines Beobachters, aus der Perspektive einer dritten Person zu sehen. Es kann sich noch nicht außerhalb einer dialogischen Kommunikation wahrnehmen. Es versteht allerdings, daß wir innere Widersprüche erleben, daß unsere Absichten und Motive miteinander in Konflikt geraten können und daß es sie in eine Hierarchie bringen muß. Es erkennt, daß Motive, die auf das eigene Wohlbefinden gerichtet sind, in einen Gegensatz zu Bestrebungen geraten können, die sich auf andere beziehen.

Im Alter von zehn bis zwölf Jahren können Kinder zwischen dem eigenen Blickwinkel und dem anderer unterscheiden. In Zweierbegegnungen können sie die Perspektiven der Interaktionspartner vom Blickwinkel eines Dritten unterscheiden. Sie sind fähig, den Standpunkt eines unparteiischen Beobachters einzunehmen. Wir lernen auf dieser Altersstufe, die Perspektive jedes Interaktionspartners einzunehmen. Wir begreifen, daß jeder sich die Sichtweise des anderen aneignen kann, daß jeder fähig ist, sich in die Lage seines Gegenübers zu versetzen, um sich von dort aus zu betrachten, bevor er ein bestimmtes Verhalten realisiert. Zudem kann sich jeder in die Position des Beobachters begeben, der ein Geschehen von einem übergeordneten Standpunkt aus erfassen kann, weil er in der Lage ist, die unterschiedlichen Perspektiven der Kommunikationspartner zu übernehmen und deren Verhältnis zu bestimmen. Wir erfassen die divergierenden Blickwinkel und reflektieren die Bestrebungen, die Absichten, Motive usw. der beteiligten Personen. Dabei ist es uns deutlich, daß sich in jedem der Interaktionspartner eine Selbstreflektion vollzieht. Die in jeder Interaktion von uns praktizierte Perspektivenübernahme führt zur Verinnerlichung von Verhaltensnormen, die es uns ermöglichen, die Erwartungen unserer Partner einzuschätzen und auf sie einzugehen. Zehn- bis Zwölfjährige wissen, daß soziale Beziehungen und zwischenmenschliche Kontakte normengeleitet sind. Sie wissen, daß allgemeinverbindliche Vorstellungen unser soziales Verhalten regeln und daß diese Vorstellungen von allen geteilt werden. So denken beispielsweise zehn- bis zwölfjährige Kinder, daß Rücksicht, Vertrauen und Freundschaft auf Gegenseitigkeit beruhen. Während früher der ein Freund war, der mir einen Gefallen tat, so wird Freundschaft jetzt als eine gegenseitige, gleichwertige Beziehung definiert. Kinder dieser Altersstufe beginnen zu begreifen, daß nur dann eine langfristige Beziehung mit einem anderen erreicht werden kann, wenn die Beteiligten ihrem Handeln Beständigkeit verleihen können. Die Konsistenz des Verhaltens über die Zeit zu erfahren ist für jeden der Beteiligten notwendig, um den Charakter wechselseitiger Beziehungen zu begreifen. Freundschaft ist nicht auf das wechselseitige

Geben und Annehmen von Freundlichkeiten reduziert, sondern wird als Resultat eines zeitlich andauernden und vielfältigen Austausches begriffen. Zehn- bis zwölfjährige Kinder lernen, daß soziale Beziehungen eine zeitliche Dimension besitzen, daß sie Beständigkeit und Erlebnisvielfalt ermöglichen. Sie nehmen wahr, daß persönliche Erfahrungen dem Handeln besondere Bedeutung verleihen und daß entsprechendes Verhalten des Gegenübers aufgrund seiner Erfahrungen für ihn von anderer Bedeutung ist als für sie selbst.

Vom zwölften Lebensjahr an beginnt sich der Prozeß der Perspektivenübernahme in seinem Charakter zu ändern. Die Perspektivenübernahme wird von der Ebene der dialogischen Kommunikation auf die eines allgemeineren, umfassenderen sozialen Zusammenhangs, d.h. der Gruppe oder der Gesellschaft, gehoben. Der soziale Zusammenhang, in dem sich Jugendliche und Erwachsene bewegen, wird von allen Beteiligten als Konstruktion gemeinsamer Blickwinkel begriffen und in Wechselwirkung mit der eigenen persönlichen Sichtweise wahrgenommen. Jeder bezieht sich auf den gemeinsamen Standpunkt des sozialen Systems der Gruppe oder Gesellschaft, damit eine problemlose Verständigung möglich ist. Es ist den Gruppenmitgliedern oder den Gesellschaftsmitgliedern bewußt, daß wechselseitige Perspektivenübernahmen nicht zwangsläufig zu gegenseitigem Verstehen führen. Soziale Normen sind deshalb notwendig. Sie werden von den Mitgliedern einer Gruppe oder den Mitgliedern einer Gesellschaft verstanden. Die Vorstellung einer gemeinsamen Gruppenperspektive führt darüber hinaus zu Unterordnung der persönlichen Sichtweise unter den Gruppenstandpunkt. Vorstellungen von Gesetz und Moral basieren auf der Idee der gemeinsamen Gruppenperspektive. Moralisch richtig ist das, was dem Gruppenstandpunkt entspricht oder in dessen Sinn geschieht. Es wird nur solches Verhalten akzeptiert, das für die Gruppe bzw. die Gesellschaft positive Folgen hat. Wenn sich Jugendliche und Erwachsene über den Charakter ihres Gegenübers ein Bild machen, sind sie sich bewußt, daß dessen Denken, Fühlen und Handeln von den Werten, Überzeugungen und Sichtweisen abhängig ist. Dabei können Menschen von Wertorientierungen ebenso verschiedene Perspektiven haben wie von äußeren sozialen Handlungen.

Die Fähigkeit der Perspektivenübernahme führt uns zu einem tieferen Verständnis vom Wesen sozialer Beziehungen. Sie ermöglicht uns aus dem Verständnis der Beziehungen zwischen dem eigenen Blickwinkel und dem der anderen die Einordnung in die Lebenszusammenhänge, die uns wichtig sind und in denen wir leben. Die Fähigkeit, unterschiedliche Standpunkte einnehmen zu können, gestattet es, das eigene Verhalten in der Weise zu modifizieren, daß im Normalfall eine reibungslose Kommunikation sichergestellt ist. Wir sind fähig, eigene persönlich bedeutsame Sachverhalte aus unterschiedlichen Perspektiven zu betrachten. Eigenes Denken, Fühlen und Handeln werden zu Gegenständen der Bewertung.

Wir betrachten uns aus unterschiedlichen Perspektiven, setzen uns unterschiedlichen Sichtweisen aus. Wir bewerten unsere Motive, Absichten, Überzeugungen auf ihre Zulässigkeit und Angemessenheit. Dabei stellt sich die Frage, ob die jeweils genutzten Sichtweisen absichtlich eingesetzt werden oder ob sie – ohne nachzudenken – unkritisch angewendet werden. Häufig greifen wir bei der Bewertung von Sachverhalten auf Perspektiven zurück, die wir gleichsam mit der Muttermilch eingesogen haben und die nicht jeder Situation angemessen sind. Es ist ein Ziel therapeutischer Arbeit, Perspektiven aufzuheben, Sichtweisen zu ändern, die das Handeln einschränken, das Denken behindern und unser Fühlen situationsunangemessen sein lassen. Im folgenden Therapieprotokoll wird eine Methode der Perspektivenänderung dargestellt.

4.3 Therapieprotokoll

4.3.1 Die Technik „Perspektivenwechsel"

KLIENT: Ich mag meinen Körper nicht. Er ist mir unangenehm. Er ekelt mich an.

ECKARD: Immer? In jeder Sekunde?

KLIENT: Nein, natürlich nicht immer. Er ist mir besonders dann unangenehm und ekelig, wenn es heiß ist, wenn ich schwitze, wenn ich mich in überheizten Räumen aufhalte. Ich hasse es, zu schwitzen. Ich finde es widerlich, wenn es unter den Achseln feucht wird, wenn der Rücken naß wird vom Schweiß, wenn das Hemd am Körper festklebt, wenn der Schweiß auf der Stirn steht, wenn der Schweiß am Körper runterläuft, wenn die Hände klebrig sind und das Papier ganz wellig wird, wenn ich es anfasse. Das ist mir so unangenehm, so ekelhaft, daß ich im Sommer kaum rausgehe. Normalerweise wäre ich jetzt nicht hier, ich hätte den Raum schon lange verlassen, weil es mir zu heiß ist hier drin. In unserem Büro gibt es zum Glück eine Klimaanlage, sonst würde ich im Sommer nicht zur Arbeit gehen. Sonst würde ich mich krankschreiben lassen, wenn es ginge. Ganz schlimm ist es für mich auch, wenn ich mich nicht duschen kann, nachdem ich längere Zeit geschwitzt habe. Je länger ich schwitze, um so ekeliger wird mir mein Körper. Im Grunde ist mir jede Körperausscheidung zuwider. Starkes Schwitzen ist für mich allerdings das Schlimmste, was mir passieren kann. Wenn ich sehe, daß anderen der Schweiß runterläuft, daß jemand vom Joggen schwitzt oder weil er schwer gearbeitet hat, dann ist das für mich in Ordnung, nur wenn ich schwitze, dann ist mir das widerlich.

ECKARD: Dann möchte ich Dich jetzt um folgendes bitten: Identifiziere eine Situation, in der Du Dich in Deiner Haut ganz und gar unwohl gefühlt hast, in der Dein Körper so stark geschwitzt hat, daß Dir das widerlich war. Erinnere Dich bitte an eine Situation, in der Du so geschwitzt hast, daß es unter den Achseln feucht wurde, daß der Rücken so naß war, daß das Hemd am Körper klebte und daß der Schweiß Dir auf der Stirn stand und herunterlief. Erinnere Dich bitte an eine Situation, in der Dir der Körper total widerlich und für Dich ekelig war. Kannst Du das?

KLIENT: Ja, sofort!

ECKARD: Dann erinnere Dich bitte an eine solche Situation, und zwar in der Weise, daß Du sie aus der Perspektive eines Beobachters siehst und Dich dort in der Situation als Hauptdarsteller wahrnimmst. Kannst Du das?

KLIENT: (Pause) Das geht.

ECKARD: Sobald Du eine Erinnerung vor Augen hast, laß es mich bitte wissen.

KLIENT: Ja, das hab ich.

ECKARD: Ist die Situation, die Du erinnerst, schwarz-weiß oder farbig?

KLIENT: Sie ist farbig. Die Situation ist mir noch sehr lebendig vor Augen.

ECKARD: Erinnerst Du Dich an die Situation als ein Bild oder als Film?

KLIENT: Es ist ein Bild, ich kann es allerdings zu einem Film werden lassen.

ECKARD: Wie groß oder klein ist das Format dieser Erinnerung?

KLIENT. Das Format ist ziemlich groß.

ECKARD: Hat das Bild einen Rahmen?

KLIENT: Nein.

ECKARD: Schau Dir bitte das Bild noch einmal an, und nachdem Du das getan hast, wende Deine Augen ein kleines Stückchen nach links neben die Szene und warte neugierig ab, was Dir dann einfällt. Unterlaß bitte jede Zensur dabei.

KLIENT: Da taucht eine Situation auf, da war ich sehr unglücklich. Ich hatte mich von meiner ersten Freundin getrennt, und anscheinend hat mich das mehr belastet, als ich anfangs dachte. Sie fehlte mir nämlich sehr. Und als ich sie dann wiedersah, und das geschah ganz plötzlich, bekam ich aus heiterem Himmel einen Weinkrampf. Ich hatte meine Gefühle einfach nicht unter Kontrolle. Es war furchtbar. Ich mußte weinen und konnte nichts dagegen tun. Ich war dem Weinen vollkommen ausgeliefert. Es war mir so entsetzlich unangenehm, es war einfach entsetzlich, fürchterlich. Ich war mir selbst ekelhaft. Ich kam mir vor wie ein Waschweib. (Der Klient schüttelt sich.) Ein Glück, daß es vorbei ist.

ECKARD: Wende jetzt bitte Deinen Blick noch ein Stückchen weiter nach links. Was kannst Du links neben der Erinnerung an den Weinkrampf wahrnehmen?

KLIENT: Da befindet sich auch eine Erinnerung. Ich hatte vor einigen Jahren mal eine Lebensmittelvergiftung. Das war auch schlimm. Ich mußte mich dauernd erbrechen und kam überhaupt nicht mehr von der Toilette herunter. Es ging mir unheimlich schlecht. Die ganze Situation war mir sehr, sehr unangenehm. Seitdem passe ich ganz genau auf, was ich esse, wenn ich mich in einem fremden Land befinde.

ECKARD: Wenn Du Deinen Blick noch ein kleines Stückchen weiter nach links bewegst, neben die gerade aufgedeckte Erinnerung, was kannst Du dort wahrnehmen?

KLIENT: Da liege ich im Bett und erhole mich von der Lebensmittelvergiftung. Das hatte Tage gedauert, bis ich wieder fit war.

ECKARD: Schau Dir bitte jetzt noch einmal die Ausgangssituation an, die Situation, in der Du so stark geschwitzt hattest, und nachdem Du das getan hast, geh bitte mit den Augen ein wenig nach rechts neben die Ausgangsszene, was kannst Du dort wahrnehmen?

KLIENT: (hustet) Eine Erinnerung, eine sehr unangenehme Erinnerung, die ich jedoch für mich behalten möchte. Geht das?

ECKARD: Natürlich! (Zur Gruppe) Ich vergaß, Euch zu sagen, wenn Euch irgend etwas einfällt, wenn irgendeine Erinnerung oder eine Vorstellung auftaucht, die Ihr für Euch behalten möchtet, dann tut es bitte. Wichtig ist allein, daß Ihr Eure Gedanken und Erinnerungen kennt, nicht ich. (Zum Klienten) Sieh Dir bitte diese Erinnerung noch einmal kurz an, und dann schau neben die Szene und registriere, was Dir da bewußt wird.

KLIENT: Da seh ich das Haus, in dem ich damals wohnte, als das geschah, worüber ich nicht sprechen möchte.

ECKARD: Kannst Du Dir jetzt bitte noch einmal die verschiedenen Situationen bewußt machen: Die Ausgangssituation, nennen wir sie „Schwitzen", links daneben die Situation, in der Du den Weinkrampf hattest, und noch weiter links daneben die Situation, in der Du die Lebensmittelvergiftung hattest, und rechts neben der Ausgangssituation das Ereignis oder die Situation, über die Du nicht sprechen möchtest. Sobald Du das getan hast, laß es mich bitte wissen.

KLIENT: Die verschiedenen Situationen sind mir vor Augen.

ECKARD: Und nun stell Dir vor, daß von jeder dieser verschiedenen Situationen ein Strahl nach unten geht und daß diese Strahlen sich treffen und verschmelzen. Was geschieht an dem Verschmelzungspunkt bzw. an dem Ort unterhalb des Verschmelzungspunktes?

KLIENT: (Pause) An dem Platz unterhalb des Verschmelzungspunktes ist eine Szene aufgetaucht. Da ist ein kleines Kind, das sehr krank ist. Es hat anscheinend hohes Fieber, es schwitzt, es zittert, es erbricht sich, es weint, die Nase läuft, es ist dem Erleben ganz und gar ausgeliefert, wenigstens erscheint es mir so von hier.

ECKARD: Kannst Du etwas hören?

KLIENT: Ja, wenn ich mich darauf konzentriere, dann höre ich es weinen und wimmern, es geht ihm sehr schlecht. Es versteht gar nicht, was passiert. Es ist der Situation ganz und gar ausgeliefert.

ECKARD: Wie geht es Dir dabei, wenn Du Dir diese Szene anschaust?

KLIENT: Ich habe ein unangenehmes Gefühl. Es ist mir fremd. Wenn ich ehrlich bin, dann ist es mir sogar sehr unangenehm.

ECKARD: Nimmst Du die Situation von oben wahr, oder nimmst Du die Szene von unten wahr, oder befindet sich das Kind mit Dir auf gleicher Höhe? Aus welchem Blickwinkel nimmst Du die Situation wahr?

KLIENT: Aus welcher Perspektive? Aus welchem Blickwinkel? Augenblick mal. (Pause) Ich nehme das Kind von oben wahr. Von schräg oben, es befindet sich also schräg unter mir.

ECKARD: Nimmst Du das Kind von vorn wahr oder von der Seite oder von hinten?

KLIENT: Ich nehme es von vorne wahr. Ich sehe von oben auf das Kind, das Kind liegt auf dem Rücken.

ECKARD: Jetzt bitte ich Dich um folgendes: Kannst Du Dich gleichsam neben das Kind knien und nach oben gucken, und zwar in die Richtung, aus der Du es jetzt wahrnimmst? Wen oder was siehst Du dann? Unterlaß bitte jede Zensur.

KLIENT: (Pause) Was ich sehe, das ist komisch. Da sehe ich ein verzerrtes Gesicht. Ganz plötzlich tauchte ein verzerrtes Gesicht auf.

ECKARD: Und jetzt möchte ich, daß Du Dir dieses verzerrte Gesicht außerhalb des Zusammenhangs vorstellst, in dem wir hier uns gerade befinden, also außerhalb der Beziehung zu dem kleinen Kind und den verschiedenen Erinnerungen und Situationen, die vorhin aufgetaucht sind.

KLIENT: Das geht.

ECKARD: Aus welcher Perspektive bzw. aus welchem Blickwinkel nimmst Du das verzerrte Gesicht jetzt wahr?

KLIENT: Von unten.

ECKARD: Dann begib Dich bitte neben das verzerrte Gesicht oder dahinter und schau nach unten in die Richtung, aus der Du das verzerrte Gesicht gerade wahrgenommen hast. Was nimmst Du dann wahr? Was siehst Du dann?

KLIENT: Das ist komisch. Ich sehe ein kleines verängstigtes Kind.

ECKARD: Kannst Du Dich jetzt bitte einmal bei dem Teil Deines Ichs bedanken, der Dich das kleine verängstigte Kind wahrnehmen läßt?

KLIENT: Ja, natürlich.

ECKARD: Und jetzt möchte ich Dich bitten, daß Du von nun an alles, was ich Dir sage, genau so auch dem Teil Deines Ichs mitteilst, der Dich das kleine verängstigte Kind hat wahrnehmen lassen. Als erstes frage bitte diesen Teil Deines Ichs „Bist Du bereit, mir auch weiterhin zu helfen, ja oder nein?" und ich möchte, daß Du Dir diese Frage bewußt stellst, und achte bitte darauf, welche Antwort Dir ins Bewußtsein kommt.

KLIENT: Der Teil ist bereit, mir auch weiterhin zu helfen.

ECKARD: Bedanke Dich dafür und frage: „Was beabsichtigst Du damit für mich Wichtiges, daß Du mich das verängstigte Kind wahrnehmen läßt?"

KLIENT: Dieser Teil möchte, daß ich vorsichtig bin.

ECKARD: Und jetzt frage diesen Teil bitte. „Was möchtest Du Wichtiges damit für mich erreichen, daß ich vorsichtig bin?"

KLIENT: Der Teil möchte, daß ich achtsam bin.

ECKARD: Und jetzt frage bitte den Teil „Was möchtest Du mir damit Wichtiges in meinem Leben ermöglichen, daß ich achtsam bin?"

KLIENT: Der Teil möchte, daß ich zufrieden bin.

ECKARD: Dann bedanke Dich bitte bei ihm für all das, was er für Dich tun möchte und bereits für Dich getan hat, und nachdem Du das getan hast, möchte ich Dich fragen: Gibt es nicht einen enormen Gegensatz zwischen der Absicht dieses Teils, der möchte, daß Du in Deinem Leben zufrieden bist, und der Art und Weise, wie er das umzusetzen versucht?

KLIENT: Wie meinst Du das?

ECKARD: Da ist die positive Absicht des Teils, nämlich er möchte, daß Du zufrieden bist in Deinem Leben; und da ist das kleine verängstigte Kind, das er Dich hat wahrnehmen lassen. Ist das nicht ein enormer Gegensatz?

KLIENT: Ja, das ist wahr.

ECKARD: Dann sage dem Teil bitte folgendes: „Du möchtest, daß ich in meinem Leben zufrieden bin, und deshalb bitte ich Dich: „Ändere die Situation mit dem kleinen verängstigten Kind so, daß Deine gute Absicht sich in angemessener Weise in der Szene wiederfinden kann, vorausgesetzt, Du möchtest das.“ Und Dich bitte ich, warte einfach ab, was von allein geschieht.

KLIENT: (Pause) Die Situation hat sich geändert. Das kleine verängstigte Kind ist verschwunden, und statt dessen ist da jetzt ein kleines Kind, das lacht.

ECKARD: Dann bedanke Dich bitte für das, was der Teil gerade für Dich getan hat. Und dann war da doch noch das verzerrte Gesicht, was ist damit geschehen?

KLIENT: Es gibt kein verzerrtes Gesicht mehr. Da ist jetzt ein lächelndes Gesicht.

ECKARD: Du hattest vorhin ein kleines Kind wahrgenommen, das sehr krank war. Was ist da passiert?

KLIENT: Die Situation ist auch anders geworden. Ich sehe jetzt ein kleines Kind, das im Bett spielt. Es guckt mich freundlich an.

ECKARD: Da waren noch vorhin verschiedene Situationen. Da gab es die Situation „Lebensmittelvergiftung“, dann hat es die Situation „Weinkrampf“ gegeben, dann gab es auch noch die Situation, über die Du nicht sprechen wolltest, und die Situation „Schwitzen“. Was ist mit den Situationen passiert? Sind die noch da?

KLIENT: Die Situationen haben sich auch geändert.

ECKARD: Ist das für Dich in Ordnung?

KLIENT: Ja, das ist für mich in Ordnung.

ECKARD: Vorhin hast Du erwähnt, daß Du Schwitzen als sehr unangenehm empfindest. Stimmt das noch? Du sagtest vorhin, das wäre für Dich das Widerlichste auf der ganzen Welt gewesen, stimmt das?

KLIENT: Es ist alles okay!

Fragen der Teilnehmer

HANS: Wenn jemand nicht in der Lage ist, den Perspektivenwechsel vorzunehmen, was mache ich dann?

ECKARD: Dann wechsle die Vorgehensweise, vorausgesetzt, Dein Gegenüber kann den Perspektivenwechsel wirklich nicht vornehmen, beispielsweise weil er es nicht gewohnt ist, weil er keine Übung darin hat. Wenn sich darin allerdings ein Einwand gegen die Veränderung äußert, dann wende Dich dem zu und laß danach den Perspektivenwechsel vornehmen. Ein Einwand kann sich z.B. darin äußern, daß man sich nicht konzentrieren kann, daß beim Perspektivenwechsel alles vor den Augen verschwimmt, daß Nebel wahrgenommen werden und daß die Wahrnehmung sich nicht von der äußeren Umgebung lösen kann oder die äußere Umgebung plötzlich besonders deutlich wird.

WALTER: Der erste Perspektivenwechsel ließ mich nicht nur ein Bild, sondern mehrere Bilder wahrnehmen. Für welches soll ich mich denn entscheiden?

ECKARD: Schau Dir die Bilder der Reihe nach an und bestimme das Bild, das die anderen nachgezogen hat. Ordne die anderen dann diesem Bild zu, plaziere zum Beispiel die anderen Bilder dahinter oder um das Bild herum und arbeite dann mit dem Bild, das zuerst auftauchte, weiter. Falls das nicht möglich ist, nutze die Bilder, um ein typisches Bild zu kreieren, und arbeite dann mit dem kreierten Bild weiter. Sollte auch das wider Erwarten nicht gelingen, so erfrage die positive Absicht, die den verschiedenen Bildern zugrundeliegt, und bitte Dein Unbewußtes, alles gemäß dieser positiven Absicht in einem Bild zu organisieren. Arbeite dann mit diesem neuen konstruierten Bild weiter.

HERBERT: Wenn jemand sich von der Problemsituation nicht dissoziieren kann, ist es auch dann möglich, diese Technik zu verwenden?

ECKARD: Ja, wenn die Assoziation bei der betreffenden Person keine dramatischen Emotionen hervorruft, dann geht es. Wenn wir dem Geschehen emotional zu sehr assoziiert sind, dann gelingt der Perspektivenwechsel nicht.

Ich möchte noch etwas zu dieser Technik hinzufügen: Wie Ihr aus der Submodalitätenarbeit wißt, ist es möglich, mit der Veränderung einer Submodalität eine problematische Situation in eine positive Situation zu verwandeln. Dazu muß die betreffende Submodalität mehrmals über einen Schwellenwert hinaus variiert werden. Wenn ich das, was ich gerade gesagt habe, auf die vorgestellte Technik anwende, dann heißt das, daß mehrmaliges Wiederholen des zweiten Perspektivenwechsels zur Veränderung der problematischen Situation führen kann. Wenn ich mich auf das beziehe, was der Klient erlebt hat, dann bedeutet es, daß mehrmals zwischen der Perspektive des verzerrten Gesichtes und der Perspektive des verängstigten Kindes gewechselt werden muß. Ihr müßt die

Perspektiven mindestens siebenmal schnell wechseln, damit eine Änderung herbeigeführt werden kann. Ihr wißt jetzt, daß Szenen vertikal und horizontal plaziert sind. Wenn Ihr Lust habt, dann macht Euch einmal die horizontal nebeneinander befindlichen Szenen bewußt und überprüft, in welchem strukturellen Verhältnis sie sich zueinander befinden: Sind die aufgedeckten Ereignisse beispielsweise unterschiedlichen logischen Ebenen zuzuordnen, inwieweit unterscheiden sich die Ereignisse hinsichtlich ihrer emotionalen „Tönung"?

Zusammenfassung der Technik „Perspektivenwechsel"

1. Identifiziere eine Problemsituation.
2. Dissoziiere Dich von ihr und schau Dir die Szene aus der Perspektive eines unbeteiligten Zuschauers an.
3. Erfasse die Submodalitäten der Problemsituation, insbesondere das Format, die Entfernung, den Blickmittelpunkt und die Perspektive, aus der die Szene wahrgenommen wird.
4. Nimm einen Perspektivenwechsel vor. Begib Dich dazu in den Blickmittelpunkt und schau zurück in die Richtung, aus der die Problemsituation anfänglich wahrgenommen wurde. Registriere die wahrzunehmende Person, das wahrzunehmende Objekt oder die wahrzunehmende Szene.
5. Löse die wahrgenommene Person, das Objekt oder die Szene aus dem Zusammenhang, in dem sie erstmals wahrgenommen wurde. Schau Dir den Sachverhalt an und registriere Entfernung, Format, den Blickmittelpunkt und die Perspektive, aus der der Sachverhalt wahrgenommen wird.
6. Nimm wieder einen Perspektivenwechsel vor. Begib Dich in den Blickmittelpunkt und schau zurück in die Richtung, aus der der Sachverhalt wahrgenommen wurde. Identifiziere die Szene, die auftaucht, die Person oder das Objekt.

7. Ermittle die positive Absicht des Teils Deines Inneren, der für die zuletzt aufgetauchte Szene, für das zuletzt aufgetauchte Objekt oder die Person zuständig ist.
8. Beim Gegensatz zwischen positiver Absicht und wahrgenommenem Sachverhalt bitte den Teil, der für die zuletzt bewußt gewordene Szene, das Objekt oder die Person zuständig ist, daß er diese Szene, das Objekt, die Person, den Sachverhalt in der Weise ändert, daß seine positive Absicht sich darin angemessen wiederfinden kann.
9. Überprüfe, wie die positive Änderung des zuletzt bewußt gewordenen Sachverhalts sich nach dem Dominoeffekt auf die zuerst bewußt gewordene Szene, das Objekt, die Person, den Sachverhalt positiv auswirkt und auch auf die Problemsituation positiv verändernd wirkt.

5.
Werte und Überzeugungen

5.1 Werte und Grundwerte

Werte spielen im menschlichen Leben eine große Rolle. Sie bestimmen, was man akzeptiert und was man ablehnt, was für Menschen richtig und falsch, gut oder böse ist. Für ihre Werte sind Menschen bereit, Strapazen auf sich zu nehmen, zu leiden und auch ihr Leben zu opfern. Für Freiheit, Gleichheit und Brüderlichkeit wurde in der französischen Revolution gekämpft. Für Gott und Vaterland zogen Millionen Soldaten in den Krieg. Für ihre religiösen und politischen Werte starben viele in den KZs des Faschismus.

Werte geben dem Leben Sinn und Zweck. Sie bestimmen, was Menschen tun und lassen. Werte geben dem Einzelnen die Orientierung, die er benötigt, um sich in einer sich ständig verändernden Welt zurechtzufinden. Sie strukturieren Realität. Sie sind die Prinzipien, nach denen gelebt wird, nach denen wir uns richten und Verhalten bewertet und beurteilt wird. Werte integrieren uns in die Gesellschaft, in der wir leben. Ihre Verinnerlichung ermöglicht ein Handeln, das den gesellschaftlichen Regeln und Formen entspricht und die Zugehörigkeit zum sozialen System dokumentiert. Werte wirken als zentrale Bestandteile der Persönlichkeit. Sie sind wesentlich an der Entwicklung und der Gestaltung unserer personalen Identität beteiligt.

Vielen Menschen ist nicht bewußt, daß Werte ihr Wahrnehmen, Denken, Fühlen und Handeln bestimmen. Sie wissen nicht, daß Werte das Verhalten in entscheidendem Maß motivieren. Es wird selten hinterfragt, weshalb man sich von dem einen distanziert und sich auf das andere orientiert. Werte werden selten überprüft, da sie normalerweise nicht bewußt sind.

5.1.1 Worin unterscheiden sich Werte?

Werte unterscheiden sich allerdings nicht allein im Hinblick auf ihren Bewußtseinsgrad. Sie lassen sich u.a. auch hinsichtlich ihres Generalisierungsgrades unterscheiden. Sie können mehr oder minder allgemein sein hinsichtlich der Sachverhalte, auf die sie sich beziehen. Werte differieren ebenfalls im Hinblick auf ihre Stabilität, wobei Stabilität die Beständigkeit des Wertes über eine bestimmte Zeit hinweg meint. Sie können für einen großen Zeitraum oder für eine kleine Zeitspanne gelten. Sie können für Jahre bestehen oder nur für Monate. Werte können langlebig, d.h. stabil, oder kurzlebig, instabil sein. Wenn Werte miteinander verknüpft oder voneinander abhängig sind, kann die Stabilität des einen durch die Instabilität des anderen beeinflußt werden.

Werte können sich ebenfalls hinsichtlich ihrer Wichtigkeit unterscheiden. Sie können emotional als unwichtig, belanglos oder auch als sehr wichtig erfahren werden. Die unterschiedliche affektive Gewichtung der Werte läßt Werthierarchien entstehen. Die Werte, denen die höchste emotionale Bedeutung beigemessen wird, bilden die Spitze der Hierarchie. Die anderen Werte ordnen sich entsprechend ihrer affektiven Gewichtung darunter. Die am höchsten gewichteten Werte werden als Grund- oder Hauptwerte bezeichnet und können nicht einfach aufgegeben werden. Ihre Aufgabe hätte für uns fatale Folgen. Deshalb ist es unser Bestreben, insbesondere die Erfüllung unserer Grundwerte zu gewährleisten. Ihre Bedeutung für uns wird im folgenden beispielhaft an den Grundwerten „Sicherheit“ und „Liebe“ dargestellt:

5.1.2 Der Grundwert „Sicherheit"

Es erscheint so, als wäre unsere Sicherheit gewährleistet, vergleicht man die gesellschaftliche Situation in unserem Land beispielsweise mit der Republik Südafrika. Dort werden mehr Menschen überfallen und beraubt als in jedem anderen Land der Welt. Es ist fünfmal wahrscheinlicher, auf den Straßen von Johannisburg ermordet zu werden als in New York. Die Reaktion der Menschen auf die Bedrohung ihrer Sicherheit ist dementsprechend deutlich: Überall bilden sich Bürgerwehren, es werden hohe Mauern um Häuser und Villenviertel gezogen, ihre Bewohner bewaffnen sich. Alles Denken, Fühlen und Handeln ist auf die Bewahrung der eigenen Sicherheit gerichtet. Sich zu schützen ist primäres Handlungsziel. In einer funktionierenden Gesellschaft ist es unnötig, für die eigene Sicherheit zu sorgen. Nur dort, wo man sich bedroht und gefährdet erlebt, wird Sicherheit als Bedürfnis und Grundwert bewußt. Auch in unserer Gesellschaft spielt Sicherheit eine große Rolle. Das zeigt sich beispielsweise daran, daß das Thema „Sicherheit" die Öffentlichkeit immer wieder stark bewegt, und es zeigt sich auch daran, daß bei uns die meisten Versicherungen abgeschlossen werden, um sich vor Wasser- und Sturmschäden, vor Invalidität, Diebstahl und Einbruch zu schützen.

Wie sehr das Streben nach Sicherheit das Leben jedes einzelnen durchdringt und bestimmt, ist deutlich am Verhalten von Kindern feststellbar. Während Erwachsene es gelernt haben, auch bei Gefährdung der Sicherheit das eigene Verhalten zu kontrollieren, zeigen Kinder deutliche Reaktionen, wenn sie sich bedroht fühlen.

Beim Kleinkind löst z.B. die geringste Änderung des Tagesablaufs, z.B. eine verspätete Mahlzeit, starke Emotionen aus. Ungewöhnliche oder ungewohnte Ereignisse, wie z.B. das Auftauchen eines unbekannten Erwachsenen, rufen ebenfalls Weinen und Angstreaktionen hervor. Ein nur kurz von der Bezugsperson, z.B. der Mutter, in nicht vertrauter Umgebung allein zurückgelassenes Kind wird unsicher und fängt ebenfalls an zu weinen. Jede überraschende Änderung der Lebensbezüge, ein

Streit der Eltern, eine Beschimpfung oder physische Bestrafung wirken verunsichernd. Die Angst vor dem Verlust der Lebenssphäre bringt selbst von ihren Eltern vollständig abgelehnte Kinder dazu, sich an sie zu klammern, mehr um Sicherheit und Schutz zu bekommen, als aus Sehnsucht nach Liebe. Dramatische Lebensveränderungen wie Scheidung der Eltern, der Verlust eines Elternteils durch Tod, belasten ein Kind sehr. Es leidet unter dem Verlust eines intakten Elternhauses, der schützenden Gegenwart beider Eltern und der Zerstörung seiner Lebenskontinuität. Die Folge ist häufig, daß Kinder sich verstärkt an den verbleibenden Elternteil klammern, um außer Liebe und Tröstung das Gefühl emotionaler Sicherheit zu erfahren.

Unter zerstörten oder zerrütteten Lebensbezügen leiden allerdings nicht nur Kinder, auch Erwachsene sehnen sich nach sicheren, friedlichen, überschaubaren Lebensverhältnissen.

Wie überwältigend das Bedürfnis nach Sicherheit auch das Leben eines Erwachsenen durchdringen kann, ist deutlich am Verhalten eines Zwangsneurotikers festzustellen. Das Hauptmerkmal dieser Störung besteht darin, wiederholt in bestimmten Gedanken- oder Handlungsvollzügen kreisen zu müssen. Um sich vor einer als gefährlich erlebten Welt zu schützen, leben Zwangsneurotiker in Formen und Ritualen. Um vor dem Unerwarteten, Überraschenden und Unangenehmen geschützt zu sein, arrangieren sie die Realität so, daß sie überschaubar, ordentlich und verläßlich ist. In ihren gedanklichen und Handlungsroutinen zeigen sie nicht nur ihre Angst vor einer bedrohlichen, lebensgefährdenden Welt, sie zeigen darin ebenfalls ihr großes Bedürfnis und Streben nach Sicherheit und Geborgenheit.

5.1.3 Der Grundwert „Liebe“

Das Gefühl der Liebe gehört zu den intensivsten Emotionen, die wir kennen. Es erfaßt uns ganz und gar. Liebe ist die Emotion, die Bindungen zwischen Menschen realisiert, die Nähe und Vertrautheit schafft. Sie weckt in uns den Wunsch nach Gemeinsamkeit, das Bedürfnis nach Nähe und Austausch mit der geliebten Person. Sie läßt uns für die geliebten Menschen alles tun, Liebe geben und empfangen zu können wird zum stärksten Handlungsmotiv. Eine mögliche Trennung von der geliebten Person wird als bedrohlich und ängstigend erlebt. Das plötzliche Ende einer Liebe erleben zu müssen oder ihre andauernde Zurückweisung zu erfahren, wird als Qual erlebt. Insbesondere Kinder belastet Liebesentzug sehr. Wird ihnen das Gefühl der Wärme und Zuwendung dauerhaft vorenthalten und ihr Bedürfnis nach emotionaler Nähe und Liebe nachhaltig mißachtet, verkümmern sie emotional.

Die endgültige Trennung von Freunden, das Herausgerissenwerden aus liebevollen familiären Beziehungen, der Verlust einer geliebten Person oder emotionale Vernachlässigung bewirken auch bei Erwachsenen tiefe seelische Verletzungen. Fast allen neurotischen Störungen liegt ein Defizit an Liebe, Nähe und Vertrautheit zugrunde. Der Mangel an Zuwendung, an menschlicher Gesellschaft, soziale Isolation und zurückgewiesene Liebe läßt Menschen erkranken. Das „einsame, gebrochene Herz" gibt es tatsächlich. Die hohe Suizidrate bei Jugendlichen und das anonyme Sterben älterer Menschen weisen darauf hin, daß insbesondere diese Lebensphasen von Gefühlen der Einsamkeit und des Verlassenseins statt von Liebe und Zuwendung durchdrungen sind. Die moderne Gesellschaft verweigert das, was zu erleben wichtig ist, nämlich vertraute zwischenmenschliche Beziehungen, das Gefühl emotionaler Nähe und Zusammengehörigkeit. Die Frustration dieser Bedürfnisse macht Menschen aggressiv und rücksichtslos, depressiv und ängstlich. Wir erleben im sozialen Kontakt Vereinzelung und Einsamkeit statt emotionaler Befriedigung.

5.1.4 Die Ermittlung von Werten und Werthierarchien

Die Darstellung der Grundwerte „Sicherheit“ und „Liebe“ zeigt: Um ein zufriedenes Leben, d.h. ein Leben in psychischer Gesundheit, führen zu können, muß das, was uns wichtig ist, vorhanden sein oder Wirklichkeit werden können. Vielen Menschen ist allerdings nicht bewußt, was ihnen fehlt, um zufrieden und psychisch gesund zu sein. Jemand ißt, weil er denkt, er sei hungrig, tatsächlich hungert er nach Geborgenheit und Liebe. Jemand zündet sich eine Zigarette an, weil er meint, sie würde gut schmecken, und tatsächlich sehnt er sich nach Sicherheit und Souveränität. Um ihn aus seinem Dilemma befreien zu können, ist es erforderlich, die Werte aufzudecken, denen er folgt bzw. nach deren Erfüllung er unbewußt strebt.

Es gibt mehrere Möglichkeiten, um Werte und Werthierarchien aufzudecken. Es werden Listen vorgegeben, auf denen sich eine Anzahl von Werten befindet, die nach ihrer Wichtigkeit zu ordnen sind. Eine weitere Möglichkeit der Wertermittlung besteht darin, die betreffende Person zu bitten, die persönlich bedeutsamen Werte zu ermitteln, indem sie für sich allein oder mit Unterstützung eines anderen die Frage nach dem, was ihr wichtig ist, beantwortet. Die ermittelten Werte können dann entsprechend ihrer Wertigkeit in eine Rangordnung gebracht werden. Das individuelle Wertsystem kann auch über die Untersuchung eines Handlungskontextes ermittelt werden. Den erwähnten Vorgehensweisen liegt die Annahme zugrunde, daß Menschen die Werte kennen, denen sie folgen, und daß sie in der Lage sind, diese Werte zu identifizieren, und auch deren hierarchisches Verhältnis bewußt bestimmen können. Trotzdem fällt es manchem jedoch nicht so leicht, das persönliche Wertsystem anzugeben. Das mag darin begründet sein, daß Werte und Werthierarchien bewußtseinsfähig, jedoch nicht bewußtseinspflichtig sind. Im später nachfolgenden Therapieprotokoll wird ein Verfahren vorgestellt, das gut geeignet ist, um Werte und Werthierarchien therapeutisch zu nutzen.

Hierzu wird auf eine Technik zurückgegriffen, die bereits im zweiten Kapitel dargestellt wurde.

5.2 Überzeugungen/Glaubenssätze

Die psychologische Arbeit bezieht sich hauptsächlich auf fünf Ebenen: Auf die Umgebung des Klienten, auf sein Verhalten, seine Fähigkeiten, seine Überzeugungen und Identität. Zur adäquaten Problembewältigung gehört es daher, folgende Fragen zu beantworten:

1. Produzieren die Lebensumstände das Problem?
2. Ist das praktizierte Verhalten realitätsangemessen?
3. Sind Defizite auf der Ebene der Fähigkeiten vorhanden?
4. Kreieren einschränkende oder im Konflikt befindliche Überzeugungen (Synonym für Glaubenssätze) die Problemsituation?
5. Liegt eine Störung auf der Identitätsebene vor?

Ein Problem scheint häufig vor allem durch die Umgebung, durch deviantes, abweichendes Verhalten und durch Fähigkeitsdefizite verursacht zu sein. Tatsächlich sind Lebensumfeld, Verhalten und Fähigkeiten des Klienten allerdings oft durch einschränkende oder im Konflikt befindliche Glaubenssätze organisiert. Die Wirkung von Glaubenssätzen bzw. Überzeugungen ist verschiedentlich festgestellt worden.

Bei der Untersuchung von Diätprogrammen zur Gewichtsreduktion ergab sich, daß alle Diäten bei einigen Teilnehmern zum Erfolg führten, obwohl sich die Programme zum Teil erheblich voneinander unterschieden. Die Befragung derer, die trotz unterschiedlicher Diätprogramme ihr Gewicht reduzieren konnten, erbrachte folgende Gemeinsamkeiten: 1. war die Entscheidung für die Diät von einer anderen wichtigen Lebensveränderung begleitet, und 2. waren alle Personen fest entschlossen und bereit, sich zu verändern.

In einem anderen Fall wurden Patienten befragt, die vor 10-12 Jahren von einer als unheilbar diagnostizierten Krebserkrankung gesundet waren. Sie hatten sich unterschiedlichsten Behandlungsmethoden unterzogen, doch war allen gemeinsam, daß sie glaubten, daß das, was sie getan hatten, für sie genau das Richtige gewesen war, um gesund zu werden.

Auf die Wirksamkeit von Überzeugungen weisen auch Untersuchungen zum Placebo-Effekt hin. Bietet man einer Person ein „inaktives“ Medikament, d.h. eines ohne jeglichen Wirkstoff, an und reagiert sie dann darauf entsprechend der gegebenen Instruktion, dann liegt ein Placebo-Effekt vor. Eine Überprüfung amerikanischer Literatur zum Placebo-Effekt ergab, daß etwa in einem Drittel aller Fälle ein Placebo ebenso gut wirkt wie ein „echtes“ Medikament. Ein Placebo wirkt in der Schmerztherapie sogar bei 51% bis 70% aller Patienten ebenso gut wie Morphium. Placebos wirken auch bei der Krebstherapie. In einer Studie unterzogen sich die beteiligten Versuchspersonen einer „Placebo-Chemotherapie“, und ein Drittel von ihnen verlor das gesamte Haar. In einer anderen Untersuchung wurde festgestellt, daß Personen, die positiv auf Placebos reagiert hatten, zu 95% auch auf Morphium ansprachen, während Morphium nur bei 46% derer wirkte, die nicht auf Placebos reagiert hatten. Die Ergebnisse der Untersuchungen zeigen, daß es außerordentlich nützlich ist, wenn man von der Effizienz eines „echten“ Medikaments überzeugt ist. Das Sprichwort „Glaube versetzt Berge“ macht Sinn.

5.2.1 Arten von Glaubenssätzen

Glaubenssätze sind von unterschiedlicher Struktur: Es gibt Überzeugungen, die eine Verallgemeinerung über kausale Beziehungen sind. Wir haben Überzeugungen darüber, wodurch etwas verursacht wird, was z.B. jemanden erfolgreich oder auch erfolglos macht. Es gibt Überzeugungen, die sich auf die Bedeutung von Sachverhalten beziehen: Was bedeutet es, wenn jemand häufig krank ist? Ist er ein schwacher Mensch oder hat er keine Lust zu arbeiten? Schließlich gibt es Überzeugungen, die eine Verallgemeinerung über Grenzen sein können. Jemand glaubt, daß er sein Leben nur bis zu einem bestimmten Grad verändern kann und darüber hinaus nicht. Das, was wir über die Ursache und Bedeutung eines Geschehens und dessen Grenzen glauben, beeinflußt uns. Glaubenssätze steuern unser Handeln. Dabei können sie sich auf unterschiedliche Aspekte des Handelns beziehen: auf das Handlungsziel und den Handlungsprozeß. Glaubenssätze, die sich auf die Handlungsziele beziehen, werden als „Zielerwartungen" (outcome expectancy) bezeichnet. Wir erwarten, daß wir unsere Ziele erreichen, wir glauben, daß es uns *möglich* ist, sie zu erreichen. In bezug auf die Gesundheit bedeutet das, wenn jemand beispielsweise sehr schwer erkrankt ist, dann gibt es keine momentane Gewähr für seine Gesundung. Das einzige, was er tun kann, ist zu glauben, *daß er wieder gesund werden kann*. Ist er dazu nicht in der Lage, breiten sich gewöhnlich Gefühle der Hoffnungslosigkeit aus. Die Selbstwirksamkeitserwartung (self-efficacy-expectancy) bezeichnet die Überzeugungen, die sich auf den Handlungsprozeß beziehen. Es wird erwartet, daß alle erforderlichen Mittel und Fähigkeiten vorhanden sind, um das gesteckte Ziel – in diesem Fall die Gesundung – zu erreichen. Davon überzeugt zu sein, daß es anderen möglich ist zu gesunden, genügt nicht. Die betroffene Person selbst muß glauben, daß sie über alle Ressourcen verfügt oder sich die organisieren kann, die nötig sind, um ihre Gesundheit zurückzugewinnen. Gelingt es der betroffenen Person nicht, an die *eigenen* Handlungspotenzen zu glauben, treten Gefühle der Hilflosigkeit auf.

Mit den Gefühlen der Hilf- und Hoffnungslosigkeit ist häufig auch das Gefühl der eigenen Wertlosigkeit verbunden. Diesem Gefühl liegt die Überzeugung zugrunde, einer Sache nicht wert zu sein, etwas nicht verdient zu haben, z.B. es nicht verdient zu haben, wieder gesund zu werden und zu bleiben.

Die erwähnten Gefühle tauchen häufig dann auf, wenn der Gesundungsprozeß seine kritische Phase durchläuft, wenn die eigene positive Überzeugung sich im äußersten Gegensatz zum Erleben des Patienten befindet. Resigniert er in dieser Phase, bricht die positive Überzeugung zusammen, und er erlebt sich als hilflos, hoffnungslos und wertlos. Gelingt es, den Gesundungsprozeß mittels geeigneter Ressourcen (z.B. mentaler Strategien wie Visualisierung) zu optimieren, kann sich die positive Überzeugung, d.h. die Selbstwirksamkeitserwartung, stabilisieren und den Gesundungsprozeß auch weiterhin als zielgerichtetes Handeln organisieren. In dieser Phase ist es besonders wichtig, daß die Umgebung des Patienten ihn in dem Glauben an die *ihm mögliche* Gesundung unterstützt, anstatt ihn darin zu schwächen. Die Rolle der den Patienten umgebenden Menschen für den Aufbau und die Stabilisierung seiner gesundheitsfördernden Überzeugungen ist nicht zu unterschätzen.

5.2.2 Zentrale Glaubenssätze

Den belastenden Problemen eines Klienten liegt häufig ein Komplex von Grundüberzeugungen oder ein zentraler Glaubenssatz zugrunde. Diese Glaubenssätze beziehen sich auf die Identität des Klienten und sind allen anderen übergeordnet. Wenn jemand beispielsweise glaubt, daß er alle Fähigkeiten hat, um gesund zu werden, wird die Überzeugung „Ich bin ein Versager" dazu führen, daß der Glaubenssatz, der sich auf seine Fähigkeiten bezieht, wirkungslos bleibt, da die Überzeugung, ein Versager zu sein, dem anderen übergeordnet ist, da sie auf der Identitätsebene liegt.

Zentrale Glaubenssätze sind das Ergebnis von Prägungen, d.h. von identitätsformenden Erfahrungen. Da diese Überzeugungen sich zu unterschiedlichen Zeitpunkten unseres Lebens entwickeln, sind bestimmte Prägungen mit bestimmten Themen verbunden. In den Prägephasen werden Überzeugungen ausgebildet, die sich u.a. auf das biologische Überleben, den Charakter emotionaler Bindungen, auf unsere intellektuelle

Kompetenz und soziale Rolle beziehen und die damit die Persönlichkeit eines Menschen bestimmen. Prägungen können als „positive Erfahrungen“ auch nützliche Überzeugungen hervorbringen. Sie müssen keinesfalls traumatischen Charakter haben und einschränkende Glaubenssätze produzieren. Allerdings entziehen sich gerade diese auf unterschiedliche Weise unserem Zugriff. Auf Überzeugungen, die uns am stärksten beeinflussen, haben wir gewöhnlich den geringsten Einfluß, da sie üblicherweise nicht bewußt sind.

5.2.3 Die Identifizierung von Glaubenssätzen

Glaubenssätze verbergen sich oft wie hinter einer Nebelwand, insbesondere die, die für den Klienten mit sehr unangenehmen Gefühlen verbunden sind. Die Nebelwand signalisiert, daß der Klient sich so weit von dem Erlebten dissoziiert hat, daß er über diese bedeutsame Lebenserfahrung nicht verfügen kann. Die Nebelwand weist den Therapeuten darauf hin, daß die therapeutische Arbeit ihn nahe an entscheidende Glaubenssätze herangeführt hat. Die Nebelwand kann sich auf unterschiedliche Weise zeigen: 1. Der Klient lenkt das Gespräch unerwartet auf ein belangloses Thema. 2. Er hat plötzlich das Gefühl, „leer und ganz vage und verwirrt“ zu sein und innerlich sich zu verschließen. 3. Der Klient erlebt plötzlich aus dem Nichts heraus ein Gefühl, das ihn daran hindert, die therapeutische Arbeit fortzusetzen. Eine Möglichkeit, mit solchen Situationen fertig zu werden, besteht darin, die Aufmerksamkeit des Klienten auf den Nebel zu konzentrieren und ihn, geschützt durch eine angemessene Ressource – z.B. Mut –, durch die Nebelwand zurück zu dem Geschehen zu führen, das überzeugungsbildend war. Man kann auch das Gefühl der Leere und den dissoziierten Zustand nutzen, damit den Klienten von der Gegenwart in die Vergangenheit zu leiten, um ihm die Aufdeckung der Lebenserfahrungen zu ermöglichen, die die einschränkenden Überzeugungen kreierten.

Die Identifizierung von Glaubenssätzen wird auch dadurch erschwert, daß der Klient seinen Verhaltensweisen oft eine Begründung gibt, die – im besten Fall – nur eingeschränkt gilt. Sein bewußtes oder unbewußtes Vorgehen dient dazu, ihn vor Unangenehmem zu schützen. Folgt der Therapeut den gegebenen Erklärungen, gerät er leicht auf eine falsche Fährte. Nur die Beachtung nonverbaler Hinweise, wie z.B. der Physiologie usw., führt zur Aufdeckung verborgener, d.h. nicht bewußter Lebenserfahrungen und Glaubenssätze. Deren Aufdeckung kann ebenfalls dadurch behindert werden, daß der Therapeut aufgrund eigener Hypothesen den Klienten zu unzutreffenden Äußerungen bewegt, anstatt die nonverbalen Hinweise seines Gegenübers zu beachten und auf sie einzugehen. Eine erfolgreiche therapeutische Arbeit erfordert allerdings oftmals mehr, als nur einen einschränkenden Glaubenssatz zu erfassen und zu ändern. Es geht darum, den Klienten dazu anzuleiten, seine Überzeugungen, Fähigkeiten und Handlungen vollständig in Übereinstimmung zu bringen und ihm damit zu ermöglichen, sein gewünschtes Ziel zu erreichen.

Es gibt unterschiedliche Methoden, um Glaubenssätze zu ermitteln und zu verändern. Im nachfolgenden Therapieprotokoll werden einschränkende Glaubenssätze mit Methoden aufgedeckt und verändert, die bereits dargestellt wurden.

5.3 Therapieprotokoll

KLIENTIN: Ich habe seit einigen Jahren Morbus Crohn. Einmal wurde ich bereits operiert und habe Angst, daß mir das wieder passieren kann. Man hat mir gesagt, daß, auch wenn die Wahrscheinlichkeit dafür nicht groß ist, die Erkrankung jederzeit wiederkommen kann. Ich bin zwar in ärztlicher Behandlung, aber es beunruhigt mich trotzdem sehr. Ich befürchte, nicht mehr gesund zu werden. Ich zweifle daran, daß ich gesund werde.

ECKARD: Und dafür ist es gut zu wissen, was Du brauchst, oder?

KLIENTIN: Ja, natürlich.

ECKARD: Deshalb möchte ich Dir eine Frage stellen: Was Wichtiges vermißt Du in Deinem Leben, wonach sehnst Du Dich?

KLIENTIN: (Pause. Die Klientin blickt kurz nach links und blickt dann kurz nach rechts.) Gesundheit vermisse ich.

ECKARD: Du hast einmal nach links geblickt und danach einmal nach rechts, was hast Du Dir bei dem einen und bei dem anderen Mal vorgestellt?

KLIENTIN: Einen Augenblick bitte, ich muß das überprüfen. (Pause) Als ich nach links blickte, sah ich dort den Baum, der da draußen steht.

ECKARD: Was symbolisiert dieser Baum für Dich?

KLIENTIN: Der Baum symbolisiert für mich den Lebensbaum.

ECKARD: Und was hast Du wahrgenommen, als Du nach rechts gucktest?

KLIENTIN: Da hab ich mich als kleines Mädchen, als Kind auf einer Wiese herumhüpfen sehen. Und außerdem ist mir gerade eingefallen, daß ich, als ich 20 Jahre alt war, häufig das Bedürfnis gehabt habe, auf der Straße zu tanzen, weil es mir so gut ging. Das symbolisiert für mich Gesundheit.

ECKARD: Schau Dir die Situation rechts von Dir bitte noch einmal aufmerksam an und dann heb bitte den Blick ein kleines Stück über die Szene. Was nimmst Du dann wahr?

KLIENTIN: (Pause) Darüber nehme ich eine Höhle wahr. Es ist eine Höhle, in der man sich verkriechen kann.

ECKARD: Und was symbolisiert sie für Dich?

KLIENTIN: Geborgenheit.

ECKARD: Und jetzt schau Dir bitte das Bild der Höhle noch einmal aufmerksam an, und dann heb bitte den Blick ein kleines Stückchen über die Szene und warte ab, was Dir in den Sinn kommt.

KLIENTIN: Da nehme ich eine Klippe wahr.

ECKARD: Und was symbolisiert diese Klippe für Dich?

KLIENTIN: Das ist für mich der Widerstand, der mich daran hindert, fröhlich und ausgelassen zu sein.

ECKARD: Bitte schau Dir die Klippe noch einmal an, und dann heb den Blick wieder ein Stück über die Szene und warte ab, was Dir bewußt wird.

KLIENTIN: Da sehe ich eine Riesenschlange.

ECKARD: Und wofür ist die ein Sinnbild?

KLIENTIN: Wenn die Riesenschlange sich um einen legt, dann wird man erdrückt, man bekommt keine Luft mehr.

ECKARD: Wenn in dem Symbol das Wichtige enthalten ist, was Du vermißt und wonach Du Dich sehnst, was ist es dann?

KLIENTIN: (Pause) Ich vermisse es, frei zu sein.

ECKARD: Und jetzt guck Dir bitte diese Riesenschlange noch einmal an, und heb wieder den Blick ein Stück über die wahrgenommene Szene und erwarte aufmerksam, was Dir als nächstes in den Sinn kommt.

KLIENTIN: Da sehe ich meinen Vater als Riesenschlange. Das ist ja entsetzlich. (Pause) Ich kann kaum atmen. (Die Klientin reckt und streckt sich.) Das stimmt, das war früher wirklich entsetzlich mit ihm. Er hat mich meistens reglementiert. Und als ich einmal mit einem Freund zum Tanzen gehen wollte, da hat er uns verfolgt. Er war schrecklich eifersüchtig. Die meisten meiner Freunde hat er vertrieben. Er hatte Angst, daß ich jemand anderen lieben könnte als ihn. Deshalb hat er immer wieder etwas gegen meine Freunde unternommen, und er hatte auch etwas dagegen, daß ich abends weggehen wollte. Er hat immer wieder versucht, mich davon abzuhalten, mich mit anderen zu treffen. (Pause) Jetzt erinnere ich mich auch daran, in der Zeit ging es mir überhaupt nicht gut. Ich hatte oft Atembeklemmungen. Nachdem ich von zu Hause weggezogen bin, verschwanden die Atembeklemmungen. Was bin ich froh, daß die Zeit vorbei ist.

ECKARD: Und was symbolisiert der Vater als Riesenschlange?

KLIENTIN: (Pause) Das ist ein Symbol für die Eigenständigkeit und die Selbständigkeit, die ich vermisse.

ECKARD: Gib bitte den Situationen, die Dir gerade eingefallen sind und die Du als so belastend erlebt hast, Codenamen. Wir kommen nachher auf diese Szenen und Erinnerungen zurück.

Und jetzt bitte ich Dich, schau Dir die Situation mit Deinem Vater noch einmal aufmerksam an, und dann heb wieder den Blick ein kleines Stück über die wahrgenommene Szene und warte auf das, was Dir dann einfallen wird.

KLIENTIN: Rechts über mir befindet sich ein Dunkelblau, alles ist dunkelblau.

ECKARD: Und was symbolisiert dieses Dunkelblau für Dich?

KLIENTIN: Blau ist für mich die Farbe der Harmonie. Ich vermisse Harmonie, und zwar in mir.

ECKARD: Angenommen, Du hättest die Harmonie in Dir erreicht, wie würde sich das für Dich auswirken, und zwar in bezug auf das, was wir herausgefunden haben?

KLIENTIN: Wenn ich die Harmonie in mir habe, dann wäre ich auch eigenständig, dann bin ich frei, dann könnte ich fröhlich sein und ausgelassen, dann würde ich in mir Geborgenheit fühlen und (Pause) ich glaub sogar, dann bin ich gesund.

ECKARD: Kannst Du jetzt bitte nach links hinüberschauen und Dir noch einmal den Baum angucken, der für Dich den Lebensbaum symbolisiert. Kannst Du mir bitte einmal sagen, was symbolisiert der Lebensbaum für Dich?

KLIENTIN: Der Lebensbaum dort, der symbolisiert für mich gesundes Leben.

ECKARD: Schau Dir bitte den Lebensbaum noch einmal an, und dann heb den Blick ein kleines Stückchen darüber und achte darauf, was Dir dann in den Sinn kommt.

KLIENTIN: Dann fällt mir eine Trauerweide ein.

ECKARD: Und was versinnbildlicht die Trauerweide Wichtiges für Dich?

KLIENTIN: Die Trauerweide symbolisiert für mich Trauer. Und was mir fehlt, das ist Freude. Ich habe wenig Freude in meinem Leben.

ECKARD: Dann schau Dir bitte jetzt noch einmal das Bild der Trauerweide an, und heb dann den Blick ein Stückchen darüber und achte wieder auf das, was Dir einfällt.

KLIENTIN: Es taucht eine Barriere auf. Sie symbolisiert „Schutz". Ich fühle mich häufig schutzlos.

ECKARD: Und wenn Du den Blick über die Barriere hebst, was kannst Du dann wahrnehmen?

KLIENTIN: Da fällt mir etwas ganz Komisches ein, und zwar nehme ich einen Sessel wahr, einen alten Sessel.

ECKARD: Und was symbolisiert der für Dich?

KLIENTIN: Der Sessel symbolisiert für mich Ruhe und Entspannung, und Ruhe und Entspannung fehlen mir wirklich fast immer.

ECKARD: Schau Dir bitte jetzt das Bild des Sessels noch einmal an, und dann heb bitte wieder den Blick ein Stück über die Szene und warte auf das, was auftauchen wird.

KLIENTIN: Da taucht eine Eisfläche auf, eine weite, große Eisfläche mit Eisbergen und Schnee. Alles ist verschneit und eisig. Das ist eine wirklich unangenehme Vorstellung. (Pause) Mir wird kalt.

ECKARD: Und was symbolisiert diese Vorstellung für Dich?

KLIENTIN: Das symbolisiert für mich Gefühlskälte, Leere und Einsamkeit. Was mir fehlt, was mir wirklich fehlt, das ist Wärme, eine innere Wärme. Mit Wärme verbinde ich Lebendigkeit. Ich hab das Gefühl, daß mir Lebendigkeit in meinem Leben fehlt. Ich erlebe meine Tage als öde, leer und belanglos.

ECKARD: Schau Dir bitte noch einmal die Eislandschaft an, und dann heb den Blick wieder über die Szene. Was fällt Dir dann ein?

KLIENTIN: Links, senkrecht über mir, taucht eine warme gelbe Farbe auf. Und die symbolisiert für mich Lebensenergie. Ich erlebe mich häufig als schwach oder geschwächt, als energielos. Lebensenergie vermisse ich – glaube ich – schon mein Leben lang.

ECKARD: Wie wäre es, wenn Du Deine Lebensenergie spüren könntest? Wärst Du dann lebendig, hättest Du dann die Ruhe und Entspannung, die Stärke, die Freude usw.?

KLIENTIN: Ja, wenn ich die Lebensenergie spüren würde, dann wäre ich auch lebendig. Ich könnte mich entspannen und zugleich auch meine Stärke spüren und ich hätte Freude an meinem Leben, denn mein Leben ist im Grunde ganz interessant. Und meiner Gesundheit würde es auch guttun.

ECKARD: Kannst Du rechts über Dir das dunkle Blau und zugleich links über Dir die warme gelbe Farbe wahrnehmen?

Klientin: (Pause) Ja.

ECKARD: Schau Dir die Farben bitte aufmerksam an, und dann schau bitte durch sie hindurch. Was kannst Du dahinter erahnen oder auch deutlich wahrnehmen?

KLIENTIN: (Pause) Dahinter befindet sich ein sternenübersäter Himmel. Und ich kann auch mich sehen. Ich lächle. Ich kann deutlich mein lächelndes Gesicht sehen.

ECKARD: Und was symbolisiert diese Szene für Dich?

KLIENTIN: Das symbolisiert für mich, mit sich selbst und der Welt im Einklang zu sein. Ja, mit mir und der Welt im Einklang zu sein, das vermisse ich sehr. Das vermisse ich schon mein Leben lang.

ECKARD: Du hast vorhin gesagt, Du befürchtest, daß Du wieder krank werden könntest. Was genau befürchtest Du?

KLIENTIN: Ich habe Angst davor, daß alles wieder von vorn losgehen könnte, was ich erlebt habe. Die Darmbeschwerden, die Krämpfe und Schmerzen, und daß ich wieder operiert werden muß und daß dann alles ganz schlimm wird.

ECKARD: Ich habe eine Bitte: Stell Dir vor, Du sitzt hier mit mir im Projektionsraum eines Kinos und guckst von hier oben herunter auf die Kinoleinwand, über die Du gleich einen Film laufen läßt mit dem Titel „Die schlimme Befürchtung". Ist das für Dich in Ordnung?

KLIENTIN: Ja.

ECKARD: Dann starte bitte jetzt den Film und laß ihn so langsam oder so schnell ablaufen, wie es Dir angemessen ist. Du kannst ihn zwischendrin auch stoppen, wenn Du möchtest.

KLIENTIN: (Nickt, längere Pause) Das ist kein angenehmer Film. Die Distanz hat mir gutgetan.

ECKARD: Und jetzt heb bitte den Kopf und nimm senkrecht über Dir den sternenübersäten Himmel und Dein lächelndes Gesicht wahr, und dann symbolisiere bitte alles Positive, was in dieser Szene enthalten ist, all die positiven Lebenseinstellungen und Überzeugungen, die positiven Fähigkeiten und Gefühle in einer Farbe oder einem Farbspiel, in einem Ton oder in einer Melodie oder einer Bewegung, einer Geste.

KLIENTIN: (Pause) Das ist ein gold-glänzendes dunkles Blau, ein helles Lachen und das Öffnen meiner Hände.

ECKARD: Laß bitte dieses gold-glänzende dunkle Blau jetzt mit dem Lachen in das Geschehen einfließen, das Du unten auf der Leinwand wahrnehmen kannst, und öffene Deine Hände dabei. Was geschieht dann? Laß Dir bitte die Zeit, die Du brauchst, um das festzustellen.

KLIENTIN: (Pause) Es ändert sich alles.

ECKARD: Positiv?

KLIENTIN: Ja.

ECKARD: Woran kannst Du das feststellen?

KLIENTIN: Die Befürchtungen haben aufgehört. Statt sich krank zu fühlen und über Beschwerden zu klagen und Angst vor einer Operation zu haben, geht es mir gut. Ich sehe mich da fröhlich herumlaufen.

ECKARD: Bitte versetze Dich für einen Augenblick in diejenige, die da fröhlich herumläuft. Überprüfe bitte, so gut es geht, das, was sie fühlt, was sie denkt und von sich glaubt.

KLIENTIN: (Pause) Es geht mir gut, ich denke, daß alles in Ordnung ist, und ich bin davon auch überzeugt.

ECKARD: Angenommen, Du hast aufgehört, irgend etwas zu befürchten, von was bist du dann statt dessen überzeugt?

KLIENTIN: Davon, daß ich gesund bin und es auch bleibe.

ECKARD: In welchen Situationen brauchst Du die Überzeugung, gesund zu sein und auch gesund zu bleiben besonders? Mit anderen Worten: Wann würdest Du diese positive Überzeugung besonders vermissen?

KLIENTIN: Wenn ich zum Beispiel auf einer Geburtstagsfeier bin und da etwas essen und trinken würde, was ich zur Zeit nicht vertrage, dann wäre es für mich wichtig, von der Gesundheit grundsätzlich überzeugt zu sein.

ECKARD: Und wann noch?

KLIENTIN: Ganz wichtig ist es auch, wenn ich krank bin, wenn ich zum Beispiel eine Darmgrippe habe oder krampfartige Bauchschmerzen, was ja auch mal passieren kann, wenn man was „Falsches" ißt oder zu spät gegessen hat usw. Dann habe ich immer Angst, daß alles wieder von vorne anfängt.

ECKARD: Und wann wäre es für Dich andererseits absolut nötig, zu befürchten, wieder krank zu werden?

KLIENTIN: Gar nicht.

ECKARD: Gar nicht? Glaubst Du wirklich, daß jemand über längere Zeit seine Gesundheit folgenlos angreifen kann, indem er oder sie sich zum Beispiel schlecht ernährt oder auf andere Weise quält?

KLIENTIN: Nein. Wenn ich beispielsweise mich über längere Zeit „falsch" ernähren würde, dann ist es wohl schon notwendig, daß ich den Verlust meiner Gesundheit befürchte, um auf mich aufzupassen.

ECKARD: Stell Dir bitte vor, Du bist bei Freunden auf einer Geburtstagsfeier, es wird gegessen und getrunken und alle sind guter Stimmung. In welchem Augenblick genau ist es für Dich besonders wichtig, daß Du davon überzeugt bist, gesund zu sein und es auch zu bleiben?

KLIENTIN: In dem Moment, in dem ich etwas genieße, was ich zum Beispiel jetzt nicht essen darf, und auch in den Stunden, in der Zeit danach.

ECKARD: Kannst Du Dir bitte einmal eine solche Situation plastisch vorstellen, in der Du alles mit der festen Überzeugung genießt, gesund zu sein und zu bleiben. Schau Dir bitte das Ganze allerdings aus der Position einer Beobachterin an. Geht das?

KLIENTIN: (Pause) Das geht.

ECKARD: Ist die Szene deutlich oder undeutlich?

KLIENTIN: Deutlich.

ECKARD: Bunt oder schwarz-weiß?

KLIENTIN: In natürlichen Farben.

ECKARD: Und wie weit ist die Situation von Dir entfernt?

KLIENTIN: Ungefähr zehn Meter.

ECKARD: Schau Dir die Situation noch einmal aufmerksam an, und dann heb bitte den Blick ein kleines Stück, ein wenig über die Szene und warte neugierig ab, was Dir bewußt wird.

KLIENTIN: (Pause) Ich seh mich da auf einem Fest und bin ganz und gar außer Rand und Band. Ich lache und tanze und esse und trinke und fühl mich sauwohl dabei. Das hab ich schon lange nicht mehr erlebt.

ECKARD: Und wovon bist Du überzeugt?

KLIENTIN: (Pause) Daß alles in Ordnung ist und ich auch. Das Leben ist herrlich und ich bin mittendrin. Ich bin gesund und munter und bleibe es natürlich auch.

ECKARD: Bist Du in der Situation drin oder nimmst Du sie von außen als Beobachterin oder Zuschauerin wahr?

KLIENTIN: Ich seh mich da in der Situation.

ECKARD: Angenommen, die Szene, die Dir gerade bewußt geworden ist und die sich einige Meter von Dir entfernt befindet, ist die eine Seite einer Balance. Wo befindet sich die andere Seite, der andere Pol des Gleichgewichts?

KLIENTIN: (Pause) Hinter mir.

ECKARD: Ist er Dir nahe oder weit entfernt?

KLIENTIN: Dicht hinter mir.

ECKARD: Angenommen, Du kannst da etwas wahrnehmen, was wäre das? (Die Klientin dreht sich um und guckt hinter sich.)

KLIENTIN: (Pause) Es taucht eine Situation mit meinen Eltern auf, die mir verbieten, einen Freund zu besuchen.

ECKARD: Wenn Du sagt, daß die Eltern Dir das verbieten, dann ist uns beiden klar, daß nicht Du damit gemeint bist, sondern Dein jüngeres Ich, nicht wahr?

KLIENTIN: Ja.

ECKARD: Schau Dir die Situation bitte aufmerksam an, und dann senke bitte Deinen Blick ein wenig unter diese Szene, was fällt Dir dann ein?

KLIENTIN: (Pause) Ich seh mich in meinem Zimmer sitzen (Pause), ich hab Stubenarrest, weil ich beim Spielen über den frisch gesäten Rasen des Nachbarn gelaufen bin.

ECKARD: Kannst Du Dir bitte auch diese Situation noch einmal aufmerksam anschauen und dann wieder den Blick senken, und zwar so weit, daß Dein Blick sich auf den Boden richtet. Was kommt Dir dann in den Sinn?

KLIENTIN: Eine unangenehme Idee. Ich bin ganz klein und habe das Gefühl, nicht leben zu dürfen, und ich glaube, ich bin nicht erwünscht. (Die Klientin schüttelt sich.) Das ist schrecklich.

ECKARD: Ja, zum Glück ist es nur eine Idee. Was möchtest Du denn dort statt dessen von Dir glauben?

KLIENTIN: Das ist eine komische Frage. Ich möchte natürlich von mir glauben, daß ich erwünscht bin und leben darf.

ECKARD: Und wann besonders?

KLIENTIN: Wenn ich mit anderen zusammen bin.

ECKARD: Kann es auch bei einem Fest sein?

KLIENTIN: (Lacht) Ja, natürlich und dann auch, wenn es mir gesundheitlich schlecht geht. Dann ist es auch wichtig, daß ich glaube, erwünscht zu sein und leben zu dürfen.

ECKARD: So unangenehm, so schrecklich das Gefühl ist, nicht leben zu dürfen und nicht erwünscht zu sein, was lernt man daraus? Das prägt einen ja.

KLIENTIN: Das Leben wird dadurch unsicher, man wird vorsichtig und zurückhaltend im Umgang mit anderen, auch wenn man das gar nicht will.

ECKARD: Stell Dir vor, jemand wäre von Natur aus leicht aufbrausend und rigide in seinem Verhalten, da wäre dann doch etwas Vorsicht und Zurückhaltung im Umgang mit anderen angebracht, oder?

KLIENTIN: Ja.

ECKARD: Tun wir mal so, als hättest Du das Gefühl, leben zu dürfen, und die Überzeugung, erwünscht zu sein, könntest Du dennoch weiterhin vorsichtig und zurückhaltend mit anderen umgehen, falls es erforderlich ist?

KLIENTIN: (Pause) Ja.

ECKARD: Wann vor allen Dingen wäre es für Dich absolut notwendig, anderen gegenüber vorsichtig und zurückhaltend zu sein?

KLIENTIN: Wenn jemand sich mir gegenüber unsicher und ängstlich fühlen würde, (Pause) wenn ich jemanden mit meinem Verhalten überfordern würde und wenn mich jemand kränken und verletzen könnte. (Pause) Und es wäre auch notwendig, wenn ich eine Situation nicht einschätzen und überblicken könnte, und natürlich auch, wenn ich nicht erwünscht wäre.

ECKARD: Erinnere Dich jetzt bitte an die Szene, in der Du ganz klein bist und glaubst, nicht erwünscht zu sein und nicht leben zu dürfen. Schau sie Dir aufmerksam an, und dann schieb die Idee bitte zur Seite, damit das, was sich dahinter befindet, hervorkommen kann.

KLIENTIN: (Pause) Es kommt eine sehr unangenehme Szene zum Vorschein, über die ich allerdings nicht sprechen möchte, und dazu ist mir noch eine andere unangenehme Situation eingefallen, über die ich auch nichts sagen möchte.

ECKARD: Kannst Du den beiden bitte Codenamen geben?

KLIENTIN: Die erste Situation nenne ich „Scham“, die zweite „Ohnmacht“.

ECKARD: Bitte schieb jetzt die Idee zur gegenüberliegenden Seite, was kommt dann dahinter hervor?

KLIENTIN: Eine sehr angenehme Erinnerung, da freue ich mich über mich selbst.

ECKARD: Wenn Du Dich auf die Annahme einlassen kannst, daß es für uns wichtig ist, Angenehmes und Unangenehmes zu erleben, und Du fragst Dich: Weshalb? Was antwortest Du darauf, vorausgesetzt, Du möchtest das?

KLIENTIN: (Pause) Das gehört zum Leben dazu, es gibt sonst keine Entwicklung.

ECKARD: Entschuldige, wozu ist es gut, sich zu entwickeln? Und wohin?

KLIENTIN: Ist das eine ernsthafte Frage?

ECKARD: Ja.

KLIENTIN: Sich zu entwickeln, das ist für mich der Sinn des Lebens. Wir müssen aber häufig zu unserem Glück gezwungen werden. Zumindest in unserem Kulturkreis ist es so, daß besonders die unangenehmen Erlebnisse zu unserer persönlichen Entwicklung beitragen.

ECKARD: (Pause) Vergegenwärtige Dir bitte jetzt die Szene, die Du „Ohnmacht" genannt hast.

KLIENTIN: Die Szene hat sich positiv geändert. Sie ist heller und deutlicher geworden, sie bedroht mich weniger.

ECKARD: Und was noch? Wo befindet sich die Szene jetzt?

KLIENTIN: Sie befindet sich an einem anderen Platz: Rechts von mir in Augenhöhe.

ECKARD: Schau sie Dir einen Augenblick an, und dann wende Deinen Blick um circa 90 Grad nach rechts und warte einfach neugierig ab, was Dir einfällt.

KLIENTIN: Ich erinnere mich daran, daß ich als Jugendliche eine gute Tischtennisspielerin war.

ECKARD: Und wie geht es Dir dort in der Situation?

KLIENTIN: Sehr gut.

ECKARD: Kannst Du dann bitte die Ressourcen, über die Du in der Tischtennissituation dort verfügst, in angemessener Weise symbolisieren?

KLIENTIN: Ja, es ist ein warmes Gelb.

ECKARD: Bring bitte dieses warme Gelb in angemessener Dosierung in die Situation „Ohnmacht". Was erlebst Du dann?

KLIENTIN: Die Situation verändert sich positiv.

ECKARD: Zufrieden?

KLIENTIN: Ja.

ECKARD: Und nun plaziere die Situation „Scham" vor oder hinter die Szene, in der Du Dich über Dich selbst freust. Welche Konstellation gefällt Dir am besten?

KLIENTIN: Ich schiebe die Schamsituation hinter die angenehme Erinnerung.

ECKARD: Und was geschieht?

KLIENTIN: Ich werde ganz ruhig, ich entspanne mich.

ECKARD: Bring jetzt bitte die unangenehme Ausgangssituation, in der Du Dich unerwünscht erlebt hast, vor die Situation, in der Du Dich über Dich freust. Was erlebst Du dann?

KLIENTIN: (Pause) Die Situation hat sich geändert. Ich laufe auf meine Eltern zu, die mir entgegenkommen, und die haben die Arme ausgebreitet.

ECKARD: Bitte schau Dir jetzt die Szene an, die sich direkt über dieser positiven Situation befindet. Da war die Situation „Stubenarrest".

KLIENTIN: Die ist weg. Statt dessen gehe ich mit meinen Eltern am Strand von Mandero spazieren. An der einen Hand habe ich meine Mutter und an der anderen meinen Vater.

ECKARD: Und darüber befand sich eine Szene, in der Dir Deine Eltern verboten, einen Freund zu besuchen.

KLIENTIN: Es befindet sich eine andere Erinnerung an dem Platz. Mein Vater hat mir geholfen, wenn ich Ärger mit meinem Freund hatte. Einmal hat er mir sogar einen Liebesbrief diktiert. Daran erinnere ich mich.

ECKARD: Kannst Du Dir die Situationen noch einmal anschauen, was fällt Dir dann auf?

KLIENTIN: Alle sind ein Stückchen höher gerutscht und deutlich größer geworden.

ECKARD: Was noch?

KLIENTIN: Nichts.

ECKARD: Nimmst Du die Situationen mit beiden Augen wahr?

KLIENTIN: Darüber habe ich noch nicht nachgedacht. (Pause) Mit dem rechten Auge.

ECKARD: Und was nimmt das linke Auge wahr? Registriert es überhaupt etwas? Überprüfe bitte das gesamte Sehfeld des linken Auges in aller Ruhe.

KLIENTIN: (Pause) Im seitlichen Sehfeld des linken Auges nehme ich eine Situation wahr, und die ist unangenehm. Ich kann sie allerdings nur diffus erkennen.

ECKARD: Kannst Du etwas hören?

KLIENTIN: Ja, Stimmen.

ECKARD: Kannst Du die Stimmen eventuell etwas lauter machen?

KLIENTIN: (Pause) Sobald ich die Stimmen laut werden lasse, wird auch die Situation deutlich. Als Kind habe ich meinen älteren Bruder sehr bewundert und wollte immer mit ihm spielen. Er wollte das nicht und hat mich deshalb häufig emotional abgelehnt und zurückgestoßen.

Eckard: Was hast Du aus diesen unangenehmen Erfahrungen für Lehren gezogen?

KLIENTIN: (Pause) Man sollte nicht zu sehr seinen Gefühlen folgen, auch wenn es schwerfällt. Es ist wichtig, genau zu wissen, worauf man sich einläßt. So versuche ich auch zu leben.

ECKARD: Orientiere Dich bitte noch einmal auf die Situation, die Du mit dem linken Auge wahrgenommen hast. Was kannst Du bemerken?

KLIENTIN: Die Situation ist weiter weggerückt und befindet sich jetzt in der Mitte des linken Sehfeldes.

ECKARD: Kannst Du sie von der Mitte aus an den unteren Rand des Sehfeldes verschieben?

KLIENTIN: (Pause) Ja.

ECKARD: Und?

KLIENTIN: Ich sehe die Situation etwas von oben und hab das Gefühl, als könnte ich die Situation besser kontrollieren.

ECKARD: Jetzt schau Dir die Situation noch einmal an, und dann heb den Blick ein Stückchen darüber hinweg und laß ihn in die Ferne schweifen. Was fällt Dir dann ein?

KLIENTIN: In der Ferne kann ich die Geschwister sehen, und die umarmen sich liebevoll.

ECKARD: Bitte symbolisiere die Ressourcen, die in dieser liebevollen Situation enthalten sind, und laß sie nach und nach in die Situation hineinfließen, in der Du Dich von Deinem Bruder emotional abgelehnt und zurückgestoßen gefühlt hast.

KLIENTIN: Die unangenehme Situation ändert sich. Die beiden sind ganz lieb zueinander.

ECKARD: Wann ist es allerdings auch zukünftig erforderlich, daß Du Dich emotional abgelehnt und zurückgestoßen fühlst?

KLIENTIN: Wenn sich jemand mir gegenüber mißachtend verhält.

ECKARD: Und wann noch?

KLIENTIN: Wenn ich jemanden mißachte und emotional verletzt habe, dann ist es auch wichtig, daß ich mich von meinem eigenen Verhalten emotional abgelehnt und zurückgestoßen fühle.

ECKARD: (Pause) Erinnere Dich doch bitte jetzt einmal an das Fest, auf dem Du Dich außer Rand und Band gesehen hast, auf dem Du Dich sehr wohl gefühlt hast. (Die Klientin nickt.) Und dann schieb bitte die Szene, in der die Geschwister liebevoll miteinander umgehn, dahinter. Was geschieht dann?

KLIENTIN: (Pause) Ich sehe die Situation nicht mehr von außen. Da bin ich mitten drin.

ECKARD: Und wie ist das für Dich, wenn Du Dich emotional darauf einläßt?

KLIENTIN: (Pause) Sehr angenehm. (Die Klientin lacht.)

ECKARD: Und jetzt senke bitte den Blick ein wenig unter diese Szene. Was kannst Du dann wahrnehmen? Da befand sich die Situation „Geburtstagsfeier bei Freunden" und die Zeit danach. Erinnerst Du Dich?

KLIENTIN: Auch diese Situation nehme ich nicht mehr von außen wahr. Auch hier bin ich mitten drin.

ECKARD: Und wie ist das für Dich?

KLIENTIN: Sehr gut.

ECKARD: Kannst Du Dir bitte einmal vorstellen, wie es wäre, wenn Du eine Darmgrippe hättest, wenn Du krank wärst?

KLIENTIN: Ja.

ECKARD: Und?

KLIENTIN: Du kannst beruhigt sein, ich werd wieder gesund.

Eckard: Kannst Du Dich erinnern? Du hattest die Angst, daß alles wiederkommen könnte, was Du erlebt hast.

KLIENTIN: Das ist vorbei.

ECKARD (zur Gruppe): Die gewählte Vorgehensweise ist natürlich nur eine von mehreren. Eine andere wäre zum Beispiel gewesen, 1. die Situation/en zu bestimmen, in der/in denen die positive Überzeugung erwünscht wird und 2. deren visuelle, akustische, kinästhetische Repräsentation zu erfassen und dann 3. die Technik „Emotionshierarchie III" (zweites Kapitel) anzuwenden und danach 4. die Technik „Gegenspieler finden 1" einsetzen. Bisweilen scheint es auch angebracht, beide Vorgehensweisen in Kombination anzuwenden.

Fragen der Teilnehmer

FRAUKE: Was hättest Du gemacht, wenn sich die Klientin den Grundwert „im Einklang mit sich und der Welt sein" ebenso vorgestellt hätte wie z.B. den Wert „Lebendigkeit", der sich für sie aus der Vorstellung einer Eislandschaft erschloß?

ECKARD: Dann hätte ich die Klientin gebeten, sich an eine Situation zu erinnern, in der sie sich im Einklang mit sich und der Welt befindet, oder ich hätte sie gebeten, eine Situation zu kreieren, zu phantasieren, in der es so sein würde. Die Klientin hätte dann die positive Szene auf meine Anregung hin an die Spitze der Werthierarchie plaziert, danach deren Ressourcen angemessen symbolisiert usw. Das weitere Vorgehen ist Dir bekannt.

HELLA: Du sagtest der Klientin, daß sie das, was sich hinter den beiden Farben – Dunkelblau und Gelb – befinden würde, erahnen kann, wie kommst Du darauf?

ECKARD: Wir nehmen nicht nur den Vordergrund eines Geschehens wahr, auch dessen Hintergrund, und wenn nicht immer bewußt, dann jedenfalls unbewußt, davon bin ich überzeugt. Wenn dem nicht so wäre, gäbe es zumindest die therapeutischen Vorgehensweisen nicht, die Du hier kennengelernt hast.

HENRY: Befindet sich der Wert „im Einklang mit sich und der Welt sein“ bei anderen auch an der Spitze der Werthierarchien?

ECKARD: Ja, sehr häufig. Der eine nennt es „im Einklang mit sich und der Welt sein“ und ein anderer „Selbstentfaltung“, ein dritter „Selbstverwirklichung“, gemeint ist damit in allen Fällen das Bedürfnis nach Selbsterfüllung, das leben zu können, was der eigenen „Natur“ entspricht. Es ist unser Verlangen, das zu aktualisieren, was wir an Möglichkeiten besitzen. Ein Dichter muß schreiben, ein Komponist muß komponieren.

AGNES: Du hast die Klientin gefragt, ob sie die erinnerte Szene mit beiden Augen, mit dem linken oder rechten Auge wahrnimmt. Was hat Dich zu dieser Frage bewogen?

ECKARD: Ihr Verhalten! Sie wies mit dem Zeigefinger der rechten Hand auf ihre Augen, genauer gesagt, auf das rechte Auge. Da es beim Sehen eine Augenpräferenz gibt und wir auf das verweisen, was wir tun, nahm ich an, daß sie die Szene mit dem rechten Auge wahrnimmt. So ein Hinweis wird allerdings nicht immer gegeben. Ob das eine Auge „aktiv“ und das andere „inaktiv“, ob das eine Auge mit der einen Angelegenheit und das andere mit einer anderen befaßt ist, das läßt sich erkennen: Die Augen unterscheiden sich dann hinsichtlich ihrer Größe. Das eine Auge erscheint eher zusammengekniffen, das andere eher weiter geöffnet, die Pupillen erscheinen unterschiedlich geweitet. Es geschieht auch, daß eine unangenehme Szene nur mit einem, z.B. dem rechten Auge, erinnert wird und das linke nichts wahrnimmt. Der „Wahrnehmungsraum" des linken Auges ist leer.

In einem solchen Fall sorgt dafür, daß Euer Klient sich an eine Szene erinnert, die die Ressourcen enthält, die in der anderen fehlen. Plaziert die positive Szene dann in den „Wahrnehmungsraum" des linken Auges. Danach bittet Euer Gegenüber, die Ressourceszene vor oder hinter die unangenehme zu bringen und die positive Veränderung zu beachten.

GERD: Bist Du sicher, daß Dir bei der Aufdeckung verborgener Glaubenssätze oder Überzeugungen Fehlschläge oder Sackgassen erspart bleiben?

ECKARD: Natürlich nicht. Die psychischen Mechanismen, die vor dem Bewußtwerden belastender Erfahrungen schützen (siehe auch 5.2.3), können auch bei meinem Vorgehen aktiviert werden. Es geschieht meiner Erfahrung nach allerdings nicht häufig, und wenn es geschieht, dann ändere ich meine Vorgehensweise (siehe auch 5.2.3).

SVEN: Wann setzt Du die Veränderungstechnik ein, bei der Du die Klientin bittest, sich 1. die negative Erfahrung zu vergegenwärtigen, 2. den Kopf 90 Grad nach rechts zu drehen und 3. dann neugierig abzuwarten, was ihr in den Sinn kommt und sie, falls die bewußt gewordene Szene Ressourcen enthält, aufforderst, die darin enthaltenen Ressourcen angemessen zu symbolisieren und in die problematische Ausgangssituation einfließen zu lassen? Und außerdem möchte ich gern wissen, decken Klienten bei dieser Methode immer Ressourceszenen auf?

ECKARD: Zur zweiten Frage: Die Klienten decken nicht nur Ressourceszenen auf. Wenn es eine unangenehme Vorstellung oder Erfahrung ist, die bewußt wird, dann bitte ich den Klienten, sich die aufgedeckte negative Szene nur kurz anzuschauen und dann in genau die entgegengesetzte Richtung zu sehen und aufmerksam abzuwarten, was ihm bewußt wird. Normalerweise enthält die dann dort auftauchende Szene Ressourcen, die er nutzen kann. Dann bitte ich ihn, diese zu symbolisieren und in die gegenüberliegende, negative Szene einfließen zu lassen. Die positive Änderung dieser Szene führt normalerweise dann dazu, daß sich auch die problematische Ausgangssituation ändert. Falls das unterbleibt, sind die vorhandenen Ressourcen in die negative Ausgangssituation einzubringen. Zur ersten Frage: Diese Technik verwende ich häufig dann, wenn der Klient seine Erinnerungen oder Vorstellungen im Sehraum nicht direkt vor sich, sondern ziemlich weit rechts oder links von sich in Augenhöhe wahrnehmen kann.

Schlußwort

Sie haben gesehen, welcher Stellenwert den Emotionen in unserem Leben zukommt, wie sehr sie unser Wahrnehmen, Denken und Handeln bestimmen und das, was uns geschieht. Es wurde dargelegt, daß Emotionen nicht in reiner Form, sondern in Form von Ereignissen existieren. Die Annahme, daß Emotionen sich in Ereignissen realisieren und diese mental anscheinend in der Reihenfolge ihres zeitlichen Geschehens hintereinander repräsentiert werden, führte zur Entwicklung einer therapeutischen Technik, die gut geeignet ist, ein Problem in seiner Entwicklungsgeschichte zu erfassen und es darüber vermittels unterschiedlicher Methoden zu ändern.

Weiter konnte anhand der Entwicklungen von Sprachfähigkeit und Wortbedeutung gezeigt werden, daß Sprache unsere Realität abbildet und somit Worte, die sich auf Emotionen beziehen, diese auch erfassen. Es konnte deutlich gemacht werden, daß Emotionen Hierarchien bilden, die mental in Hierarchien räumlicher Bilder existieren. Die Emotionen, die die Hierarchie der unangenehmen Gefühle anführen, befinden sich im Sehraum zu unseren Füßen. Die Emotionen, die die Hierarchie der angenehmen Gefühle anführen, befinden sich im Sehraum über uns. Die dargestellten therapeutischen Vorgehensweisen nutzen diesen Sachverhalt.

Im dritten Kapitel wurden die Emotionen dargestellt, die wir häufig erleben und denen lebensgeschichtlich die größte Bedeutung zukommt. Es wurde deutlich gemacht, daß diese Emotionen sich in ihrer Ausprägung wechselseitig kontrollieren, daß sie sich in Balanceverhältnissen miteinander befinden. So balancieren sich beispielsweise Angst und Wut, Freude und Leid gegenseitig. Es konnte gezeigt werden, daß die balancierte Interaktion der Emotionen therapeutisch zu nutzen ist.

Nachfolgend wurde dargestellt, daß Rollen aus einem Komplex von Verhaltensregeln bestehen und Rollenverhalten bestimmten Regeln folgt, die größtenteils unbewußt sind und denen wir selbstverständlich folgen. Dabei ist es eine irrige Annahme, daß es für die „Rollenspieler" wesentliche Handlungsspielräume gibt.

Verhaltenserwartungen und -annahmen der am „Rollenspiel" Beteiligten beruhen auf der Fähigkeit zur Perspektivenübernahme. Es wurde gezeigt, daß sich die Fähigkeit zur Perspektivenübernahme nicht erst im Erwachsenenalter, sondern vor allem in der Jugend und Kindheit entwickelt und wir aufgrund dessen anscheinend zeitweilig Sachverhalte aus einem Blickwinkel wahrnehmen, der unangemessen ist. Die dargestellte therapeutische Methode ermöglicht es, die unangemessene „Sicht der Dinge" zu korrigieren.

Abschließend wurde auf die Bedeutung von Werten und Überzeugungen eingegangen und darauf hingewiesen, daß sie als zentrale Bestandteile der Persönlichkeit unser Leben bestimmen. Es wurde an den Werten „Sicherheit" und „Liebe" beispielhaft gezeigt, wie wichtig die Erfüllung der Grundwerte für uns ist. Ihre Frustration kann zu psychischer Destabilisierung und Erkrankung, ihre Erfüllung zu Gesundheit und Zufriedenheit führen. Auf die positive Wirkung von Überzeugungen wurde ebenso hingewiesen wie auf die Behinderung, die erlebt wird, wenn man einschränkenden Glaubenssätzen unterworfen ist. Darüber hinaus wurde dargestellt, woran einschränkende Glaubenssätze zu erkennen sind, auf welche Weise sie bewußt gemacht und geändert werden können.

Die dargestellten Vorgehensweisen lassen sich meines Erachtens größtenteils mit den therapeutischen Interventionen unterschiedlicher Therapierichtungen vereinbaren, weil die problematischen Erfahrungen, Erinnerungen und Vorstellungen des Klienten direkt mit den Ressourcen verbunden werden, die ihm strukturell verfügbar sind: Verwendete Ressourcen werden normalerweise weder bewußt erinnert noch bewußt konstruiert. Sie erschließen sich 1. dadurch, daß das problematische

Geschehen direkt mit den übergeordneten Bereichen der Persönlichkeit verknüpft wird, die eine angemessene Problemlösung realisieren können (2. Kapitel), 2. dadurch, daß die das problematische Geschehen balancierenden Emotionen auf das negative Geschehen als Ressourcen bezogen werden (3. Kapitel) und 3. dadurch, daß ein problematisches Geschehen der konstruktiven Bearbeitung durch unbewußte Prozesse zugeführt wird. Dies geschieht dann, wenn sich das mit einer bestimmten Perspektive assoziierte Geschehen im Widerspruch zur eigenen Zielsetzung befindet (4. Kapitel).

Die Erfahrungen des Autors haben gezeigt, daß sich die Techniken gut miteinander kombinieren lassen und sich dadurch ihr Wirkungsgrad erhöht. Zugleich läßt sich feststellen, daß nicht jeder in gleichem Maße in der Lage ist, die Interventionen für sich zu nutzen. Hierbei spielen Einstellungen und Überzeugungen des Klienten ebenso eine Rolle wie Übung und Gewohnheit und nicht zuletzt sowohl der Rapport zwischen Klient und Therapeut als auch Visualisierungsfähigkeit. Diese Fähigkeit kann beispielsweise bei denen eingeschränkt sein, die bei der Wahrnehmung ihrer Umwelt das kinästhetische Repräsentationssystem bevorzugen.

Da die hier vorgestellten, in dieser Form neuartigen therapeutischen Techniken sich noch immer in der Erprobungsphase befinden, können Wirkungsbereich und Wirkungsgrenzen der dargestellten Interventionen zur Zeit nicht exakt angegeben werden. Das bleibt denen, die diese Techniken nutzen, wie auch der zukünftigen Arbeit des Autors vorbehalten. Dessen entschiedenes Ziel ist es allerdings, jene Strukturen weiter zu untersuchen und aufzudecken, deren Vorhandensein die Entwicklung der vorgestellten therapeutischen Interventionen erst möglich gemacht hat.

Glossar

„as-if-frame" – eine Methode, bei der man „so tut", als ob etwas wahr ist. Sie wird angewendet, um eine Ressource aufzubauen.

assoziiert – die Wahrnehmungsposition, in der eine Erinnerung, eine Vorstellung oder ein Geschehen aus der eigenen Perspektive wahrgenommen wird. Im assoziierten Zustand ist man den eigenen Wahrnehmungen unmittelbar ausgeliefert.

change-history – eine Methode, die eine Veränderung der persönlichen Geschichte herbeiführt. Sie dient dazu, belastende Erfahrungen mittels geeigneter Ressourcen aufzulösen.

dissoziiert – die Wahrnehmungsposition, in der eine Erinnerung, eine Vorstellung oder ein Geschehen aus der Perspektive einer anderen Person erlebt wird. Im dissoziierten Zustand wird die eigene Erfahrung mit einem gewissen Abstand registriert.

Inkongruenz – ein Zustand inneren Zwiespalts.

Kongruenz – ein Zustand, in dem Überzeugungen, Fähigkeiten und Verhaltensweisen übereinstimmend auf ein Ziel konzentriert sind.

logische Ebenen – das sind die Bereiche, die, sich wechselseitig beeinflussend, unsere Persönlichkeit maßgeblich bestimmen: die Umwelt, das Verhalten, die Fähigkeiten, Werte und Überzeugungen/Glaubenssätze, die Identität.

Ökologie – im NLP werden die Auswirkungen einzelner Interventionen stets im Hinblick auf die Ökologie der Person überprüft. Es wird hinterfragt, ob eine Veränderungsarbeit mit dem Lebensprozeß eines Menschen vereinbar ist.

Physiologie – der psycho-physiologische Zustand einer Person, der z.B. anhand von Kopfhaltung und -bewegung, Augenbewegungen, Atmung usw. wahrgenommen werden kann.

Prägungen – sind identitätsformende Erfahrungen, die keineswegs traumatisch sein müssen.

Rapport – Herstellen von Vertrauen, Harmonie und Kooperation in einer Beziehung, in diesem Fall zwischen Klient und Therapeut.

Ressource – Einstellungen, Überzeugungen, Fähigkeiten, Fertigkeiten, Kenntnisse und Erfahrungen, die genutzt werden, um Probleme zu lösen und Ziele zu erreichen.

Strategie – planvolles Vorgehen, z.B. eine Folge von Denk- und Verhaltensschritten, um ein angestrebtes Ziel zu erreichen.

Submodalitäten – die speziellen sensorischen Eigenschaften, die durch die einzelnen Sinne wahrgenommen werden. Beispielsweise gehören zu den visuellen Submodalitäten u.a. Farbe, Form, Bewegung, Helligkeit, Tiefe eines Bildes, zu den auditiven Submodalitäten gehören u.a. Umfang, Höhe, Tempo eines Tons. Die kinästhetischen Submodalitäten eines Gefühls sind beispielsweise Druck, Temperatur, Ort.

Literatur

Akademie der Wissenschaften der DDR (Hrsg.): *Probleme der Psycholinguistik.* Akademie-Verlag, Berlin 1975.

John R. Anderson: *The architecture of cognition.* Cambridge University Press, Cambridge 1983.

John R. Anderson: *Kognitive Psychologie.* Spektrum-Verlag, Heidelberg.

Connirae & Steve Andreas: *Gewußt wie. Arbeit mit Submodalitäten und weitere NLP-Interventionen nach Maß.* Junfermann, Paderborn 1988, [3]1993.

Martin A. Conway: *Autobiographical memory.* Open University Press. 1990.

Robert B. Dilts: *Application of NLP.* Meta Publications, Cupertino 1983.

Robert B. Dilts: *Identität, Glaubenssysteme und Gesundheit.* Junfermann, Paderborn 1991, [3]1995.

Robert B. Dilts: *Die Veränderung von Glaubenssystemen.* Junfermann, Paderborn 1993.

Dietrich Dörner: *Problemlösen als Informationsverarbeitung.* Kohlhammer, Stuttgart 1976.

Dietrich Dörner: *Wissen, Emotion und Handlungsregulation.* Lehrstuhl Psychologie II, Bamberg 1992.

H.P. Dreitzel: *Die gesellschaftlichen Leiden und das Leiden an der Gesellschaft.* F. Enke-Verlag, Stuttgart 1972.

Dieter Geulen (Hrsg.): *Perspektivenübernahme und soziales Handeln.* Suhrkamp, Frankfurt 1982.

Winfried Hacker (Hrsg.): *Kognitive und motivationale Aspekte der Handlung.* Hans Huber, Bern 1982.

Joachim Hoffmann: *Das aktive Gedächtnis.* Springer, Berlin 1983.

Joachim Hoffmann: *Die Welt der Begriffe.* Beltz, Weinheim 1986.

Tad James & Wyatt Woodsmall: *Time Line. NLP-Konzepte.* Junfermann, Paderborn 1991, [3]1994.

Otto Kruse: *Emotionsdynamik und Psychotherapie.* Beltz, Weinheim 1985.

Otto Kruse: *Emotionsentwicklung und Neurosenentstehung.* F. Enke-Verlag, Stuttgart 1991.

Alexander R. Lurija: *Sprache und Bewußtsein.* Pahl-Rugenstein, Köln 1982.

Anna Ljublinskaja: *Kinderpsychologie.* Pahl-Rugenstein, Köln.

Abraham Maslow: *Motivation und Persönlichkeit.* Rowohlt, Reinbek 1994.

Ulrich Mees: *Die Struktur der Emotionen.* Hogrefe, Göttingen 1991.

Wolfgang Mertens: *Einführung in die psychoanalystische Therapie.* Kohlhammer, Stuttgart 1992.

Sighard Neckel: *Die Macht der Unterscheidung.* Fischer, Frankfurt 1993.

Kazimierz Obuchowski: *Orientierung und Emotion.* Pahl-Rugenstein, Köln 1982.

Hilarion G. Petzold (Hrsg.): *Die Wiederentdeckung des Gefühls.* Junfermann, Paderborn 1995.

Dorothea Rahm et al.: *Einführung in die Integrative Therapie.* Junfermann, Paderborn 1993, ³1995.

Wolfgang Rost: *Emotionen.* Springer, Berlin 1990.

David C. Rubin: *Autobiographical memory.* Cambridge University Press, Cambridge 1986.

Thomas Rückerl: *NLP in Stichworten Das aktuelle NLP-Lexikon.* Junfermann, Paderborn 1994, ²1996.

Margret Scholl-Schaaf: *Werthaltung und Wertsystem.* Bouvier, Bonn 1975.

Hans Spade (Hrsg.): *Allgemeine Psychologie.* Hans Huber, Bern 1992.

Sally P. Springer & Georg Deutsch: *Linkes, rechtes Gehirn.* Spektrum, Heidelberg 1993.

Paul Watzlawick et al.: *Menschliche Kommunikation.* Hans Huber, Bern 1974.

Rupprecht Weerth: *NLP und Imagination.* Junfermann, Paderborn 1992, ²1994.

Werner Wippich: *Lehrbuch der angewandten Gedächtnispsychologie.* Kohlhammer, Stuttgart 1984.

Erich Witte (Hrsg.): *Einstellung und Verhalten.* Braunschweiger Studien zur Erziehungs und Sozialarbeitswissenschaft 1992.

Erich Witte: *Sozialpsychologie. Ein Lehrbuch.* Psychologie Verlags Union, Weinheim 1989.